AF458208

MANUEL DES BRAVES.

BIOGRAPHIE HÉROÏQUE.

DE L'IMPRIMERIE DE DENUGON.

Soldats, dont l'immortelle gloire,
Malgré la faulx du Temps, doit survivre au Trépas ;
Vos hauts faits sont gravés au Temple de Mémoire,
Avec ces mots fameux, orgueil de notre histoire :

LA GARDE MEURT, ELLE NE SE REND PAS !!!

MANUEL DES BRAVES;

BIOGRAPHIE

HÉROÏQUE;

PAR MM. REGNAULT DE WARIN, Z***, P. DE P., ET
PLUSIEURS GENS DE LETTRES ET MILITAIRES FRANÇAIS.

TOME PREMIER.

PARIS,
Chez PLANCHER, ÉDITEUR DES ŒUVRES DE VOLTAIRE,
EN 35 VOLUMES IN-12, rue Poupée, n°. 7.

1818.

DISCOURS PRÉLIMINAIRE.

Au centre du chef-lieu de la civilisation, entre le palais des monarques et les jeux du peuple, s'élève, parmi des édifices pompeux, le monument d'airain que la reconnaissance publique consacra aux victoires. Sur cette colonne, qui, comme une pensée sublime, brille au sein des immortelles productions du génie, respirent, combattent et triomphent les héros du patriotisme, les braves de la liberté. Leurs noms, prononcés sans cesse par l'admiration, sont sans cesse proclamés par la renommée, qui, du faîte de cette colonne de gloire, es fait répéter à l'univers. Mais au pied de ce bronze, qui dispense l'immortalité, la noire trahison et l'envie, au cœur lâche, sifflent et frémissent; d'une dent impuissante, elles mordent et souillent de fiel le métal glorieux; tandis que le temps essaie vainement contre lui sa faulx et ses efforts.

Sous cet emblême, frappant pour tous les yeux, qui ne reconnaîtrait l'Ouvrage dont nous offrons aujourd'hui le premier essai? A ne le considérer que par le talent de ses auteurs, ce n'est, en effet, qu'une tentative; mais elle est honorable, et durera, si on la juge par ceux qui en sont les objets : le reflet de leur gloire nous préservera d'une humiliante obscurité.

Quel temps fut jamais plus favorable pour retracer des faits héroïques? Après avoir expié, par trois années d'humiliations et d'amertume, cinq lustres de victoires et de danger, les braves cessent d'être méconnus; et, grâces à un ministre citoyen, son armée rendue à la France la replace enfin au rang des nations. Vous ne cacherez plus sous un crêpe cette Étoile d'Honneur qu'Austerlitz ou Marengo fit briller sur votre poitrine, soldats, qu'au jour des revers ils appelèrent fauteurs de la conquête, mais qu'à l'époque des triomphes ils respectaient comme les soutiens de l'indépendance! et vos fronts ne rougiront plus de montrer les palmes des héros!

En attendant que cette armée revoie dans ses cadres adolescens ces vainqueurs dont le vieux sang bouillonne au nom de la patrie, de la gloire et de la liberté, contentons-nous de parcourir le registre court, mais exact, de leurs actions. Nous disons de leurs actions et non pas seulement de leurs exploits; car les soldats français sont aussi des hommes, et souvent des qualités attendrissantes, des vertus domestiques, ont tempéré en eux la rudesse des camps et ont fait tourner le courage au profit de l'humanité.

Vu sous le rapport littéraire, nous ne pouvons nous dissimuler qu'indépendamment des défauts de sa rédaction, cette Biographie a, plus qu'aucune, les torts du genre, la monotonie et la louange. Comment varier, dans cinq cents articles, les formes chronologiques et les formules de l'apologie? La satire a mille traits, plus ou moins acérés, et que la manière de les décocher semble rendre plus piquans encore; il n'en est pas ainsi de l'éloge, dont la nature est fade, et qui ne trouverait de rajeunissement et de sel que dans ces madrigaux spirituels et fins, dont les dames raffolent, mais qui révolteraient la franchise un peu rude de nos guerriers. Nous avons dû préférer à ces panégyriques ambrés une rédaction simple et sincère où les talens ne sont pas oubliés, où les vertus surtout sont honorées, et où les torts sont énoncés sans dissimulation. Comme Henri IV, comme les chevaliers, dont nos braves sont les descendans et auraient été les émules, ils ont assez de qualités pour faire oublier quelques erreurs; et les nobles passions qui les enflammèrent couvrent à jamais quelques torts inséparables de l'humanité.

Une association s'était formée pour la composition du premier *Manuel des Braves*, dont cette BIOGRAPHIE HÉROÏQUE est la suite et le complément : c'étaient MM. Léon Thiessé et Eugène B***, dont les intentions généreuses et les idées civiques s'expriment dans un style plein de chaleur et de vie; avec la même direction, puissent les nouveaux rédacteurs mériter les mêmes louanges! Du moins en seraient-ils dignes, si on les accordait à l'amour de la justice, de la vérité, de la liberté.

M. Regnault de Warin, qui pensait et publiait dès 1815 sur la gloire, les malheurs et les erreurs de l'armée, ce qu'il vient de reproduire ici, a signé ses articles des initiales (R. de W.)

Ceux qui se lisent sous les signatures P. P., Z., ou qui sont anonymes, appartiennent à des écrivains plus militaires qu'hommes de lettres, mais auxquels un patriotisme éclairé a donné l'amour et la connaissance de la vérité, sans laquelle il n'y a point de talent.

Puisse ce Recueil parcourir tous les rangs de la société et de l'armée; se lire dans la chaumière, se méditer dans les ateliers; exciter sous la tente la vertueuse contagion de l'exemple! Celui de l'héroïsme enfante les héros; celui des héros propage l'héroïsme. Et quand un guerrier citoyen donnait à ses soldats le spectacle éminemment national du *Siége de Calais* ou de *La Partie de Chasse* de *Henri IV*, il appelait ces représentations LE BRANDEVIN DE L'HONNEUR.

MANUEL DES BRAVES.

BIOGRAPHIE HÉROÏQUE.

A.

ABATUCCI (*Charles*), né en Corse en 1770, mort à Huningue en 1796.

Élève de l'école militaire de Metz, il en sortit en 1790, servit dans le 2e. régiment d'artillerie à pied jusqu'en 1793, qu'il passa dans l'artillerie à cheval.

En 1794, le général Pichegru le choisit pour aide-de-camp; il fit alors la campagne de Hollande, obtint le grade d'adjudant-général, et, à ce titre, présida au premier passage du Rhin. Ses services en cette occasion lui valurent le brevet de général de brigade.

En 1796, au passage du Lech, Abatucci en décida le succès. Peu de temps après, il fut élevé au grade de général de division.

Au mois de décembre de la même année, en défendant le pont d'Huningue, il fut blessé mortellement.

Abbé, lieutenant-général, commandant de la Légion-d'Honneur, chevalier de Saint-Louis, etc.

Ce fut comme simple soldat que le général Abbé débuta dans la carrière militaire. Son courage le fit distinguer dans les guerres de la révolution : il fut colonel du 23e. régiment d'infanterie de ligne. A Eylau, où il fit des prodiges de valeur, il obtint les épaulettes de général de brigade. En 1812, ses services le firent nommer général de division.

A Tarvis, dans la campagne de 1809, à Tortose, à Bruch, à Roncal, à Pampelune, dans la guerre d'Espagne, le général Abbé fit une ample moisson de lauriers. En 1814, il occupa le camp retranché devant Bayonne, et y fit une belle défense.

En 1816, le Roi lui confia le commandement des départemens du Var et des Basses-Alpes.

Aboville (*M. F.*, comte d'), lieutenant-général, né à Brest en 1730, mort le 1er. novembre 1817.

C'est dans la guerre d'Amérique, et sous M. de Rochambeau, que M. d'Aboville fonda sa grande réputation. Il se distingua au combat de York-Town, où il dirigeait l'artillerie. Il rentra en France avec le titre de général de brigade.

En 1792, il dirigea l'artillerie des armées du Nord et des Ardennes; l'année suivante, il eut la direction de l'arsenal de Paris; et en 1799, il obtint la place d'inspecteur-général de l'artillerie. Sénateur en 1802.—Pair de France en 1814. — Pair de l'Empire en 1815. — Siégeant à la Chambre des Pairs du Royaume en 1816.

Malgré le poids des ans, le sénateur d'Abo-ville voulut concourir à la défense du territoire de France, lorsqu'il fut menacé, en 1809, par la descente des Anglais dans les îles de la Zélande. Napoléon lui confia le commandement de la réserve.

— Ses deux fils ont suivi la carrière des armes : l'un, maréchal-de-camp depuis 1809, était commissaire près l'administration des poudres et salpêtres, lorsque, par la mort de son père, il fut appelé à la pairie; l'autre est commandant d'artillerie.

Albert (*J. J. B.*, baron), né le 28 août 1771.

Soldat à l'époque de la révolution; général de brigade lors de l'élévation de Bonaparte au trône; on le compte aujourd'hui parmi les lieutenans-généraux.

Il fit avec distinction les campagnes de 1805

à 1809. En 1812, Napoléon lui confia un commandement important dans l'armée de Russie ; et en 1813, il se couvrit de gloire dans un combat livré à une colonne russe près de Bonn. Il avait été cité parmi les généraux qui contribuèrent à la prise de Dantzick. Ce fut au passage de la Drissa (campagne de 1812) qu'il mérita d'être élevé au grade de général de division.

Il est commandant de la Légion-d'Honneur et chevalier de Saint-Louis.

Allemand (le comte), né à Port-Louis.

Vice-amiral, officier de la Légion-d'Honneur, chevalier de Saint-Louis.

Il fut successivement matelot, pilote et officier. En 1786, sous-lieutenant de vaisseau, et enfin capitaine de haut-bord.

En 1793, il prit la frégate anglaise *La Tamise*, après un glorieux combat.

En 1800, contre-amiral ; en 1810, vice-amiral ; en 1813, grand-officier de la Légion-d'Honneur ; en 1814, chevalier de Saint-Louis.

Il compte beaucoup de combats glorieux et fit un grand nombre de prises.

L'escadre qui fut détruite en partie dans la rade de l'île d'Aix, en 1809, était sous son commandement : si, en cette occasion, ses ordres eussent été suivis, il paraît que cette perte aurait été évitée.

Allent (le chevalier), né à Saint-Omer en 1770.

Des talens et de l'instruction le firent distinguer dans le génie, où il prit du service à l'époque de la révolution. Il fut long-temps secrétaire du comité des fortifications. Il obtint le grade de chef de bataillon du génie, et entra au conseil-d'état comme maître des requêtes.

En 1814, le 30 mars (chose incroyable!) on avait oublié Paris dans la capitulation de l'armée. Des hauteurs de Chaumont, le chevalier Allent voit l'armée prussienne se porter rapidement sur l'avenue de Neuilly. Ce mouvement lui rappelle vivement l'oubli qu'on vient de faire : sur-le-champ il rassemble ce qu'il trouve en état de marcher, vole au lieu menacé, renforce les postes, leur enjoint de tenir le plus qu'ils pourront, envoie un parlementaire au général Blücher pour le contenir, et se rend auprès de l'empereur Alexandre, dont il obtient un ordre qui répare l'oubli fatal, et préserve Paris des horreurs d'une prise d'assaut.

Sous le Gouvernement royal, il devint aide-major de la garde nationale de Paris, major-général de toutes celles du royaume, et conseiller-d'état. En 1815, il refusa de rentrer dans le conseil de Napoléon, et conserva sa place dans l'état-major de la garde nationale.

Il est sous-secrétaire-d'état au département de la guerre; place éminente, qu'il vient de rendre plus honorable encore par la manière dont il a appuyé et développé l'institution essentiellement nationale de la formation et du recrutement de l'armée. Les discours du chevalier Allent ont été remarqués dans cette discussion célèbre, et méritent d'être cités, après ceux de MM. Beugnot, Camille-Jordan, Royer-Collard, et immédiatement après celui de M. le maréchal Gouvion-Saint-Cyr, ministre de la guerre, rédacteur de la loi.

Allix, comte de Freudenthal.

De soldat il devint général. Il passa au service du roi de Westphalie, et fut rappelé en France lors de l'invasion de 1814. Il chassa l'ennemi qui s'était logé dans la forêt de Fontainebleau, et fut, quelques jours après, nommé général de division. La défense de Sens, attaqué par l'ennemi avec des forces majeures, le couvrit de gloire.

En 1815, Napoléon l'envoya à Lille présider une commission.

Porté sur la liste du 24 juillet, il fut forcé de s'expatrier.

Almeras (le baron), lieutenant-général.

Il entra dans les bataillons de volontaires qui se formèrent en 1793, et s'y éleva au grade de chef de bataillon. Adjudant-général en 1794, il défit dans la vallée d'Aost, avec 200 hommes, un corps de 1500 Piémontais. Employé dans l'intérieur, il réprima les révoltes du Midi. Appelé en Égypte, il y eut le commandement de Damiette. De nouveaux services en Prusse et en Autriche le firent élever, en 1810, au grade de général de brigade. En 1812, après s'être distingué à la bataille de la Moskwa, il échappa à ses suites meurtrières, et défendit pied à pied le territoire français. Il est commandant de la Légion-d'Honneur et chevalier de Saint-Louis.

Ambert (le chevalier), général de division.

Il parcourut tous les grades depuis les rangs du soldat jusqu'à l'emploi de général de division, qu'il possédait en 1793.

Employé dans l'armée du général Hoche, il battit vigoureusement les Prussiens à la rencontre de Kaiserlautern et d'Elbach.

Ameilh (le baron), maréchal-de-camp.

Les diverses guerres qui éclatèrent contre la France à l'époque de la révolution, procurèrent un avancement rapide au baron Ameilh. Il avait commencé à être soldat dans un régiment d'infanterie. Il partit pour l'expédition de Russie avec le grade de colonel; pendant la retraite, il fut nommé général de brigade.

Lors des événemens de 1815, le général

Ameilh suivit *Monsieur* à Lyon. S. A. R. ayant quitté cette ville, le général y attendit Napoléon, fut chargé d'une mission, et arrêté à Auxerre. Transféré à Paris, le 20 mars lui rendit la liberté, et il partit pour l'armée.

Porté sur la liste du 24 juillet, il s'exila volontairement pour se soustraire à un jugement. Il fut arrêté à Lunébourg et transféré à Hanovre, qui lui fut donné pour résidence.

AMEY (le baron), lieutenant-général.

Officier dans un bataillon de volontaires en 1792.—Adjudant-général en 1793.—Général de brigade à l'armée des Alpes en 1795.—Général de division sur la fin de 1812.

Le siége de Gironne et le combat de Polotsk, en Russie, sont les titres du général Amey à la reconnaissance de son pays.

ANDREOSSY (*Antoine-François*, comte).

Guerrier intrépide, habile diplomate, savant distingué : c'est sous ce triple aspect que mérite d'être envisagé le général Andreossy; et la renommée a confié à la patrie les trois couronnes que lui réserve la postérité.

La campagne d'Italie, en 1796, atteste ses talens militaires : rien de plus intrépide que le passage de l'Isonzo; rien de plus hardi que le passage du Pô; rien de plus adroit que le moyen employé pour la reddition de Mantoue.

Pendant l'aventureuse expédition d'Egypte, mêmes développemens dans les efforts, mêmes succès dans les résultats. Tandis que Bonaparte, par sa marche imprévue en Syrie, déconcerte les plans de l'Angleterre, en divisant, en châtiant, dans les beys, ses plus terribles comme ses plus fidèles alliés, ce général charge Andreossy d'une mission plus pacifique et non moins utile : il s'agit de reconnaître, de soumettre le lac Menzalée et les bouches Pélusiaques; ce n'est point une simple expédition confiée à un soldat, c'est une mission dont le génie de la civilisation honore un savant. Après avoir sondé les rades de Damiette, de Bougassè et du cap Bouger; après avoir déterminé et sondé l'embouchure du Nil, les passes du Bogèze et la forme de la barre, Andreossy part de Damiette avec deux cents hommes et quinze djermes, conduits par des reys du Nil : trois de ces djermes sont armés d'un canon. Il passe le Bogèze à sept heures, longe la côte, prend position à la bouche de Bibech, où il fait les mêmes opérations qu'à l'embouchure du Nil. Le lendemain il pénètre dans le lac jusqu'à cinq lieues. Les reys, intimidés par la vue de cent trente djermes chargés d'Arabes embarqués à Natariè, conduisent Andreossy et sa petite troupe vers Menzalée, et non vers Natariè, où il voulait se rendre. Tombé sous le vent, il est attaqué, poursuivi; mais il riposte et attaque à son tour. Poursuivant le cours de ses observations, il visite les îles de Natariè, les ruines de Tinch, de Péluse, le lac de Salchich, et revient à Damiette, après avoir terminé les reconnaissances, les sondes et les cartes du lac pour la construction de laquelle il avait fait mesurer à la chaîne le développement de la côte sur une étendue de plus de quarante-cinq mille toises.

Son expédition de la vallée des lacs Natron et du fleuve Sans-Eau offre les mêmes difficultés résolues par les mêmes efforts, et les mêmes travaux couronnés des mêmes succès. L'histoire naturelle, la chimie, la topographie, l'hydrographie, s'enrichissent de résultats savans et inconnus, constatés depuis dans les relations du général, et perpétués par le concours des arts appelés à en reproduire l'image.

L'un des auteurs de ce 18 brumaire, qui d'abord sauva la France, il devint aussi l'un des coopérateurs du Gouvernement produit par cette révolution mémorable. Le Ministère de la guerre vit s'organiser sous ses yeux une quatrième division, consacrée à l'artillerie et au génie, armes auxquelles les rares talens et l'excellente méthode du général Andreossy avaient imprimé le développement le plus rapide et l'influence la plus décisive. A cette époque, cet officier commandait aussi l'artillerie à Strasbourg.

Bientôt un nouveau théâtre révéla dans lui de nouveaux talens. Après avoir rempli, de la manière la plus satisfaisante, l'ambassade de France auprès de l'Angleterre, il alla représenter à Constantinople la puissance française, et l'y faire respecter. Durant le cours de cette carrière, il fut honoré de toutes les dignités qui ne sont, chez tant d'autres, que les signes de la bravoure, du zèle, des vertus, et qui chez lui en sont la preuve.

Retiré de toutes fonctions publiques, il a consacré aux sciences, aux arts, à l'étude, les belles facultés dont il est doué : riche de faits, d'observations et de souvenirs, il en élève des monumens utiles à son pays. Après avoir publié une *Histoire* justement estimée *du canal du Languedoc*, ouvrage immortel d'un de ses aïeux, le général Andreossy vient de faire paraître un *Voyage à l'embouchure de la Mer-Noire* (1), où l'on retrouve, dans la narration des faits et dans l'exposé des observations, la science et la méthode qui caractérisent son célèbre rédacteur.

(R. DE W.).

---

(1) Chez PLANCHER, éditeur du *Manuel des Braves*, rue Poupée, n°. 7.

Anglard (d'), colonel du 2e. régiment de carabiniers.

Le 17 novembre 1794, à l'attaque du camp prussien de Bliescastel par le général Hoche, le colonel d'Anglard, à la tête de son régiment, entra dans les carrés ennemis, les rompit chaque fois qu'ils voulurent se rallier, et les mit en déroute complète. Deux jours après, les Français se rendirent maîtres de Deux-Ponts.

Anselme, général de brigade.

La conquête du comté de Nice, avec une armée dépourvue de tout ce qui est nécessaire au soldat, lui fait beaucoup d'honneur. Après avoir passé le Var avec 3,500 hommes, il fut privé de secours et de retraite par le débordement de ce fleuve, et avait à combattre 20,000 hommes. Pendant douze jours il tint tête à l'ennemi, et parvint à le battre.

Le dénuement où se trouvait son armée lui fut attribué, et le général Anselme fut jeté dans les fers. Facilement justifié, il se retira dans une solitude où il se livra à l'étude des arts et des lettres.

Arçon (*J. C. E.* Lemichaud d'), né à Pontarlier en 1733, mort à Paris en 1800.

Dès son enfance, d'Arçon montra des dispositions marquées pour le génie. Admis en 1754 à l'école de Mézières, il fut reçu ingénieur l'année suivante.

En 1761, il se distingua à la défense de Cassel; et en 1780, ce fut lui qui inventa les batteries flottantes qui furent employées contre Gibraltar.

En 1792, il était général. En 1793, Dumouriez lui confia une division de l'armée qui entrait en Hollande, où il prit Bréda et Gertruydemberg. Depuis cette époque, il cessa de servir activement. En 1800 il fut élu membre du Sénat Conservateur, et mourut la même année. Il était membre de l'Institut.

Arnaud (*A.*), général de brigade, né à Grenoble en 1749, mort en Hollande en 1803.

Il entra dans les gardes de Lorraine en 1767, et en sortit en 1779. Il reprit du service en 1792, et devint colonel du 48e. de ligne en 1794, et général de brigade en 1802.

Il fit toutes les campagnes de 1793 à 1803. Il se distingua à Hondscoote, où il eut un bras de fracassé; à l'affaire de la Nord-Hollande et à Hohenlinden, où il contribua à la prise de l'artillerie autrichienne. Mais son plus beau fait d'armes est le combat de la forêt de Baltzheim, en 1800. L'ennemi débouchait dans la forêt; Arnaud est chargé de le prévenir. A la tête de cinq compagnies de son régiment, il marche au pas de charge à l'ennemi, malgré la mitraille qui éclaircit ses rangs. Avec le peu de monde qui lui reste, il aborde trois bataillons autrichiens et un régiment de cavalerie : tout cède à son audace; il est maître de 8 canons, 9 caissons, et il ramène 1,200 prisonniers.

Arrighi, duc de Padoue, né en Corse.

Il embrassa de bonne heure la carrière militaire. En 1804 il fut fait colonel. Au combat de Wertingen, chargeant à la tête du 1er. régiment de dragons, et son cheval ayant été tué, il tomba au milieu des ennemis, qu'il écarta d'abord avec son sabre; mais il allait succomber sous le nombre, lorsqu'il fut secouru par ses dragons, qui, pour sauver leur colonel, firent des prodiges de valeur. A Austerlitz, il mérita la décoration de commandant de la Légion-d'Honneur.

Colonel des dragons de la garde en mai 1806; général de brigade en 1809; et bientôt après, général de division et grand'croix de l'Ordre de la Réunion.

Wagram et Leipsick sont des journées d'honneur pour le général Arrighi. En 1815, Napoléon le créa pair, et l'ordonnance royale du 24 juillet l'exila. Il s'est retiré en Lombardie.

Aubert du Bayet (*J. B. A.*), né à la Louisiane en 1759, mort à Constantinople en 1799.

En 1780, il entra au service avec le grade de

sous-lieutenant, et il fit la guerre d'Amérique. En 1791, il quitta la carrière militaire, et fut député par le département de l'Isère à la législature. En 1792, il reprit son rang dans l'armée, devint général de brigade. En 1793, il dirigea la défense de Mayence; et quoique couvert de gloire, il fut décrété d'arrestation par l'influence du parti Jacobin. Du Bayet parut à la barre, se justifia, et courut en Vendée cueillir de nouveaux lauriers. A la destitution qu'il éprouva injustement, il répondit par une victoire. Il se montra toujours humain et pacificateur, quoiqu'un extérieur rude et altier dégradât un peu ce beau caractère. En 1795, il fut appelé au Ministère de la guerre; remplacé par Scherer, du Bayet fut envoyé en ambassade à Constantinople, où il donna une haute idée de la République française.

AUBRÉE, général de brigade.

Après le combat de Berghen, le général Brune le promut au grade de général de brigade sur le champ de bataille, en récompense de ses services. Peu de temps après, il fut tué en chargeant à la tête d'une brigade de cavalerie.

AUGEREAU (*Pierre-François-Charles*), duc de Castiglione, maréchal de France.

Augereau, né dans une boutique, est mort

maréchal de France, et pour ainsi dire, sur un lit de drapeaux et de lauriers. Est-ce par le chemin de la gloire qu'il a traversé tous les degrés qui séparaient l'origine de son existence du terme de sa fortune? Les faits vont répondre.

En septembre 1792, à peine sorti des seconds rangs de l'armée pour paraître dans les premiers, il bat les Espagnols près Figuières, et bientôt après, leur cause à Montroing une déroute complète.

Au combat sanglant et à jamais mémorable où Dugommier périt à la tête d'une armée de héros, Augereau commandait l'aile droite; et déjà la valeur et la victoire avaient inscrit son nom sur un registre ineffaçable.

Choisi pour commander ces intrépides soldats qui, depuis trois ans, résistaient aux forces réunies de la Sardaigne et de l'Autriche, il doit seconder l'audace de Bonaparte dans ses entreprises. Au combat de Dégo, il s'empare des redoutes de Montézimo et ouvre les communications de l'armée d'Italie avec la vallée du Tanaro. Antérieurement, après une marche forcée de deux jours, il avait emporté les gorges de Millésimo (10 avril 1796), chassé l'ennemi de toutes ses positions, et fait prisonnier, avec le corps d'Autrichiens qu'il commandait, le général Provera, retranché depuis deux jours dans les ruines d'un vieux château sur la montagne de Cossaria.

Le 7 mai, il prend Casal, et se précipite sur le pont de Lodi, retranchement que l'ennemi croyait avoir rendu inexpugnable.

Même dévouement et plus d'intrépidité encore au combat d'Arcole : les Français reculaient devant une épouvantable masse d'ennemis : Augereau saisit un drapeau, traverse le pont sous le feu le plus meurtrier, et, plantant ce drapeau à l'extrémité, il entraîne les soldats électrisés.

En prairial de l'an IV, après avoir passé le Mincio, il enlève les retranchemens de Cheriale, et oblige l'ennemi de se retirer dans Mantoue.

Lugo s'était révolté contre les Français : Augereau rappelle Lugo au repentir; mais la sédition continue d'embrâser ses habitans : c'est dans le sang des habitans de Lugo qu'il se voit forcé d'éteindre la sédition.

Lunado, l'Adige, Roveredo, Castiglione surtout attesteront à jamais son intrépidité et ses talens. Cependant, en lui accordant ceux d'un excellent divisionnaire, on lui conteste cette tête vaste et forte qui conçoit un plan étendu, ce coup-d'œil supérieur qui, sans omettre les détails, saisit un ensemble compliqué.

Général dans les camps, il n'est à Paris que le premier soldat du Directoire : ce faible Gouvernement, qui ne savait que craindre et proscrire, fait porter le coup du 18 fructidor par un homme qui avait appris à commander en obéissant. Ici, quelques cyprès se mêlent aux palmes du vainqueur de Castiglione.

Depuis, il succède à Hoche dans le commandement des armées de Rhin-et-Moselle et de Sambre-et-Meuse. Bientôt, sous prétexte qu'il tente une révolution dans la Souabe, il est rappelé.

Devenu membre d'un des conseils législatifs, il marche toujours sous l'enseigne de la liberté, ou du moins de ce qu'il croyait être la liberté; car, dans les mains de ce lâche quintumvirat qui dissolvait la France au lieu de la gouverner, c'était à l'ombre et sous le nom d'un signe sacré que la tyrannie tourmentait, agitait, proscrivait.

Le 18 brumaire, qui détrôna l'anarchie, reçut l'adhésion d'Augereau. Commandant en chef de l'armée de Hollande, il remporta quelques avantages sur les Autrichiens, et ramena en Batavie une forte colonne de l'armée victorieuse à Hohenlinden. A cette époque, et jusqu'à la reprise des hostilités, Augereau commença à goûter le noble repos que la reconnaissance promet aux vétérans de la gloire; mais de nouveaux périls rappellent cette âme guerrière : il rassemble à Bayonne l'armée destinée à la conquête du Portugal, et bientôt il reçoit du Souverain ce sceptre de la valeur qui honore les mains des braves vulgaires et que les siennes semblent honorer.

En effet, et comme si la ferveur de sa glorieuse jeunesse animait ses vieillissantes années, Augereau recommence la carrière, la sème de nouveaux succès, et la termine par un dernier triomphe. C'est à Constance, à Linden, à Brégentz qu'il reprend d'abord l'habitude de vaincre. La paix de Presbourg suspend un moment son ardeur, que l'expédition de Prusse rallume avec plus de force : ce fut lui qui prit Berlin. De là il pénètre en Pologne, où sa seule présence rend plus décisif et plus remarquable le combat de Golymin. On ne répétera point pour Augereau, combattant à Eylau, cette formule justifiée par tant de braves, qu'il se couvrit de gloire dans cette terrible journée. Voici un trait qui le caractérise : dévoré par la fièvre, il se fit attacher sur son cheval, s'exposa au plus grand feu, comme un jeune lieutenant, et quitta le dernier ce champ de carnage et de gloire.

En 1809, employé à l'armée d'Espagne, il fit le siége de Gironne, dont il s'empara; mais en 1810, les Espagnols l'ayant repoussé jusqu'à Barcelonne, l'Empereur, dont la politique militaire voyait un coupable dans un général malheureux, le disgracia.

Rappelé lors de l'expédition de Russie, d'abord il commanda le dépôt de conscrits formé à Berlin; éprouva dans cette ville même et jusque dans sa maison, un assaut de cosaques qu'il pulvérisa; fut nommé gouverneur-général de Francfort et de Wurtzbourg, et couronna par ses exploits à Leipsick sa longue et glorieuse existence militaire.

A sa rentrée en France avec les débris d'une armée sacrifiée aux ambitieuses et fausses combinaisons d'une mauvaise politique, Augereau céda aux cris de sa conscience et au vœu de l'opinion, en abandonnant la cause d'un monarque qui avait abandonné celle de la nation et de la liberté. Il fut un des maréchaux qui accueillit, dans la personne de Louis XVIII, le nouveau Roi que la volonté de la France s'était donné. Ce Prince le fit chevalier de Saint-Louis.

La vicissitude des événemens ramena Napoléon, et leur force entraîna Augereau sous les bannières de l'usurpateur : celui-ci cependant ne l'employa pas. Au retour du Roi, l'on dit que des ordres supérieurs l'exilèrent dans sa terre de la Houssaye, où il est mort le 12 juin 1816. (R. DE W.)

AUGIER (*J. B.*), maréchal-de-camp, né à Bourges en 1769.

Capitaine de volontaires en 1792, il fut nommé général de brigade en 1794. Il obtint un commandement dans l'intérieur, et le garda jusqu'à l'entrée des Français en Espagne, où il eut un commandement. En 1812, il fut fait gouverneur de Kœnigsberg. Il fut appelé aux Chambres législatives de 1812, 13 et 14. En 1815, il fut député du Cher, et réélu en 1816.

AULAY DE LAUNAY (*J.*), général de brigade.

Il fit les campagnes d'Italie avec beaucoup d'honneur, et obtint tous ses grades sur le champ de bataille. Dans l'affaire de Caldiero, il mérita d'être cité avec éloge; il marqua son rang parmi les braves par le combat qu'il livra à Montegabello, où avec 500 hommes il détruisit un corps de 3000 autrichiens. Le succès de cette affaire, où il se montra aussi bon tacticien que soldat courageux, décida une partie de la campagne.

Il fut tué par un boulet de canon : digne mort d'un soldat français!

AUMONT, général de brigade.

Le 15 juin 1815, au passage de la Sambre, à

la tête d'une brigade de cavalerie légère, il sabra deux bataillons prussiens, et fit 400 prisonniers. La rapidité avec laquelle il exécuta ce mouvement décida du succès, et le couvrit de gloire.

AUTIÉ (*J. F. E.*), colonel, né à Villeneuve en 1771, mort à Chiclana le 5 mars 1811.

Il était, en 1795, capitaine-adjoint dans l'armée des Pyrénées. Chargé de porter à un général l'ordre de s'emparer des retranchemens de Saint-Clément près de Rozes, il lui fut recommandé de ne revenir que lorsque les retranchemens seraient emportés. Le général ne se croyant pas assez fort, refuse de tenter cette attaque. Mais Autié persuade au capitaine Bréda de tenter l'entreprise avec ses grenadiers; ils marchent à l'ennemi, et les retranchemens sont emportés.

Il servit en Suisse, devint colonel du 8e. régiment de ligne, et rendit des services importans en Espagne, où il fut tué après avoir fait des prodiges de valeur. Il s'était couvert de gloire au siége de Cadix en 1810.

B.

BALLAND (*Antoine*), né en 1751.

A quatorze ans il était soldat. Ses longs services l'élevèrent, en 1791, au grade de capitaine. Un trait de bravoure, en 1792, à Jemmapes, le fit colonel. Sa longue expérience lui valut, en 1793, le brevet de général de brigade, et bientôt après il augmenta le nombre des divisionnaires. Beurnonville, Jourdan, Hoche, Bonaparte, le citèrent souvent et honorablement dans leurs rapports.

BARAGUAY-D'HILLIERS (*Louis*), né à Paris en 1764; mort à Berlin en 1812.

Entré de bonne heure au service, il était officier au régiment d'Alsace à l'époque de la révolution. Après avoir rempli les fonctions d'aide-de-camp, notamment près de Custines, il devint, en 1792, chef de l'état-major de l'armée de ce général.—Divisionnaire en 1796.—Grand-officier de la Légion-d'Honneur et colonel-général des dragons en 1803, etc.

Le comte Baraguay-d'Hilliers, soit comme chef d'état-major-général, soit comme commandant de corps d'armée considérables, fit la guerre avec distinction sur le Rhin, en Lombardie, en Autriche, en Espagne, en Russie. Il contribua beaucoup au succès de la bataille de Raab, et à la prise de Figuières, en battant le corps d'armée de Campo-Verde, qui cherchait à ravitailler ce fort.

Ce général, qui, après la prise de Malte, fut chargé d'en apporter la nouvelle en France, et qui fut pris sur la frégate *la Sensible*, éprouva souvent les vicissitudes de la fortune. Dès le commencement de sa carrière, il parut devant le tribunal révolutionnaire avec Custines, et fut incarcéré jusqu'au 9 thermidor. Il partagea, en 1795, la disgrace du général Menou. En 1799, à son retour d'Angleterre, le Directoire le destitua. Enfin, après être sorti avec honneur de différentes inculpations, on dit que ses jours furent avancés par le chagrin d'avoir été calomnié.

Barbou (*G.*), lieutenant-général, né à Abbeville en 1761. Il est issu de la célèbre famille d'imprimeurs de ce nom.

Avant de commander, il apprit à obéir : il fut soldat. Il gagna ses épaulettes à la pointe de son épée, et, en 1797, il fut appelé au généralat. A l'armée de Sambre-et-Meuse, il commandait une brigade, et à l'affaire d'Hettersdorff, où il se signala, il eut un cheval tué sous lui. En 1799, il réprima les royalistes dans la Haute-Garonne, et devint général de division. En Hollande et en Suisse, il commanda en chef et il se couvrit de gloire à Kastricum. Au camp de Boulogne, il eut une division. En 1805, en Hanovre, il remplaça le maréchal Bernadotte. Depuis, il eut plusieurs commandemens dans l'intérieur. En 1814, le Roi le fit grand-officier de la Légion-d'Honneur et chevalier de Saint-Louis.

Bardet (*Maurice*), lieutenant-général.

Plusieurs campagnes, quelques blessures, grand nombre d'actions d'éclat firent parvenir M. Bardet au rang de colonel. A Austerlitz, il obtint l'étoile de commandant de la Légion-d'Honneur. La campagne de 1807 lui valut une brigade. En Espagne, il se signala à Oviedo.

En 1813, il servit dans l'armée sous Genève et au fort de l'Écluse, qu'il emporta le 1er mars 1814, il se fit beaucoup d'honneur. Quelques jours après, il fut nommé général de division.

Barreau (*Alexandrine*), grenadier, né à Castres (Tarn).

L'esprit martial peut animer le faible corps d'une femme, lorsqu'il est excité par l'amour de la patrie. Pressée par ce noble véhicule, Alexandrine Barreau échange contre l'uniforme les vêtemens de son sexe, accompagne son frère et son mari à l'armée des Pyrénées occidentales, et, dans une foule d'affaires périlleuses, se signale à leurs côtés. Lors de l'attaque de la redoute d'Alloqui, elle voit tomber à la fois le premier, mortellement frappé, l'autre atteint moins grièvement. S'élancer avec emportement, tomber tout à coup dans les retranchemens, y laisser des traces d'une valeur prodigieuse, fut aussitôt exécuté qu'entrepris : Alexandrine vengeait son frère et son époux. Soudain elle vole auprès d'eux, panse leurs blessures et les porte à l'hospice militaire, où sa tendresse les secourt après que son courage les a vengés. Cette action mémorable eut lieu le 16 août 1794. (R.-DE W.)

BARROIS, lieutenant-général, né à Ligny (Meuse).

Il s'enrôla volontairement en 1792, et, de grade en grade, devint colonel du 96e. de ligne. A Austerlitz, il fut fait commandant de la Légion-d'Honneur. A Eylau, il obtint le grade de général de brigade, et peu après, Napoléon le nomma général de division. En Espagne, à Talaveyra de la Reyna et au camp de Saint-Roch il se fit remarquer. En Allemagne, Lutzen, Bautzen, Dresde, Leipsick furent les théâtres de sa gloire. Chargé de défendre le Brabant hollandais, il contint long-temps un ennemi supérieur. Ayant repris du service en 1815, il mêla son sang à celui des braves qui périrent à Waterloo. Il est grand-officier de la Légion-d'Honneur.

BASTOUL, général de brigade, né à Monthonthux (Pas-de-Calais) en 1753, mort en 1800.

Enrôlé de très-bonne heure, il resta long-temps sans grade. Il fut du nombre des soldats du régiment de Vivarais licenciés pour insubordination lors de la mutinerie de Béthune, en 1790. A la formation des bataillons de volontaires, il rentra au service et fut élu chef de bataillon. Il ne savait ni lire ni écrire (ce que, d'ailleurs, il apprit vite, l'ayant voulu fortement); mais en revanche, aucun bataillon ne pouvait rivaliser avec le sien pour la manœuvre et la discipline. Général en 1793, il se distingua au Quesnoy, à Landrecies. Hettersdorff, Moëskirch, Landshut, Lauffen sont ses titres à la gloire. Grièvement blessé à Hohenlinden, il ne voulut pas se laisser amputer la jambe, *voulant vivre ou mourir tout entier.* Il mourut en effet quelques jours après, et emporta les regrets de l'armée.

BAUSSANCOURT (*François* de), général de brigade.

Ce général, qui, en mai 1793, défendit Bouchain avec un courage héroïque, fut peu après destitué parce qu'il était noble : il en mourut de chagrin. Ce général noble, qui défendit bravement le territoire de la république, comptait quarante-six ans de service et avait fait dix-huit campagnes. (Z.)

BAZIRE DESFONTAINES, capitaine de vaisseau.

En 1776, il entra volontaire dans la marine. 1778, lieutenant de frégate auxiliaire. 1786, sous-lieutenant de vaisseau. 1792, capitaine de vaisseau.

De 1778 à 1784, il se fit un nom redoutable dans les mers des Indes. Aux combats des 29 et 30 avril 1794, il était capitaine de pavillon de l'amiral Villaret-Joyeuse : ses services et son courage dans ces deux journées lui promettaient les plus hautes récompenses; mais, le 1er. mai, il fut emporté par un boulet. Tout militaire français dira que c'est les avoir obtenues.

Beaufort (*J. B.*), général de division, né à Paris en 1761.

En 1775, il s'engagea. En 1790, il était adjudant sous-officier. Il fit la première campagne de l'armée du Nord comme adjudant-major. 1792, adjudant-général. 1793, colonel, général de brigade et général de division. A Nerwinde, à Breda, à Gertruydemberg, à Granville, il justifia son rapide avancement. Il eut la confiance de la Convention et du Directoire, qui l'appelaient auprès d'eux chaque fois qu'une crise se préparait. Il servit dans l'intérieur jusqu'en 1800, qu'il obtint sa retraite.

Beauharnais (*Alexandre*, vicomte de), né à la Martinique en 1759, mort le 24 juillet 1794.

Il embrassa de bonne heure la carrière des armes : son nom et ses talens lui procurèrent de l'avancement : il était major à l'époque de la révolution. Porté aux états-généraux, il s'y montra ennemi du gouvernement absolu. Deux fois honoré de la présidence, on le vit partisan zélé du régime constitutionnel.

Il servit à l'armée du Nord en qualité d'adjudant-général, commanda le camp de Soissons, se distingua à la défense de Francfort, et parvint au commandement en chef de l'armée du Rhin : ce fut en mai 1793. Peu après, nommé au ministère de la guerre, il refusa; et lorsque les nobles furent écartés des emplois militaires, il donna sa démission et se retira.

En 1794, arrêté comme suspect, il fut incarcéré à Paris et traduit au tribunal révolutionnaire : il subit le sort de tous ceux qui parurent devant ce tribunal de sang, et fut assassiné le 7 thermidor, c'est-à-dire deux jours avant la chute de Robespierre.

Sa veuve épousa Napoléon, dont elle tempéra souvent le caractère par sa douceur, ses talens et son esprit. Sous le nom de JOSÉPHINE, et avec le titre d'impératrice, elle régna sur la France, moins par l'autorité que par ses vertus; et s'en fait encore regretter sous le nom de *Joséphine-la-Bienfaisante*.

Son fils est le prince Eugène, maintenant agnat de la couronne de Bavière, dont il a épousé un rejeton, et qui lui a valu le titre de duc de Leuchtemberg. (*Voyez* EUGÈNE.) (P. P.)

BEAUMONT (le comte), lieutenant-général.

Entré de bonne heure au service, il fut capitaine au régiment de Lorraine, dont il devint colonel. Ses services aux armées du Nord et de Sambre-et-Meuse, l'élevèrent au grade de général de brigade. A Jéna, à Czarnowo, à Eylau, de nouveaux exploits le firent général de division. Sénateur en 1807. Commandant d'un corps d'observation en 1809. Grand-officier de la Légion-d'Honneur en 1810. Pair de France en 1814.

BEAUMONT DE CARRIÈRE (le baron), lieutenant-général.

L'Italie et l'Égypte furent le théâtre de ses premiers combats.

A Wertingen, en chargeant la cavalerie autrichienne, à la tête du 10e. de hussards, il tomba au milieu d'un régiment de cuirassiers : entouré d'ennemis, il sut s'ouvrir un passage et ramener un capitaine qu'il avait fait prisonnier. A Austerlitz, de nouveaux exploits lui firent obtenir le grade de général de brigade. En Espagne, aux défilés d'Albacon, il exécuta une charge qui déconcerta tous les plans de l'ennemi. Il a fait toutes les campagnes depuis cette époque.

Beaupuy, né à Mussidan (Dordogne), mort au champ de bataille en 1796.

Chef d'un bataillon de volontaires de la Dordogne en 1792, il fut bientôt général de brigade. Il obtint le grade de général de division sur le champ de bataille de Chollet : à cette affaire, Beaupuy lutta corps à corps avec un chef de Vendéens et le terrassa. Les deux armées, lasses de carnage, s'arrêtèrent un moment pour considérer un combat qui avait eu peu d'exemples depuis les temps héroïques. A Savenay, Beaupuy reçut plusieurs blessures. En Allemagne, à la rencontre de Gorich, il reçut huit coups de sabre. Enfin, le 17 octobre 1796, il fut tué en chargeant à la tête de sa division.

Beaupuy était connu pour son humanité.

— Un de ses frères est, comme lui, mort sur un champ de bataille.

Beauregard (*J. Domergue* de), mort en 1809. Il avait servi avant la révolution, et était chevalier de Saint-Louis : il s'était retiré du service lorsqu'il fut député à l'Assemblée législative.

En 1791, il reprit du service, fut fait maréchal-de-camp, commanda à Avignon, et se distingua à l'armée du Nord en qualité de divisionnaire, et particulièrement au combat d'Arlon.

Retiré une seconde fois, il ne rentra en activité qu'en 1808. Il fut envoyé en Espagne. A la bataille d'Occana, il se distingua à l'attaque du mamelon, la clef de la position de l'armée espagnole. Le 9 février 1810, à l'affaire de Badajos, il reçut un coup mortel en chargeant à la tête de sa division.

BEAUREPAIRE.

Après avoir servi avec honneur dans les carabiniers, il devint chef du 1er. bataillon de Maine-et-Loire; et il commandait la place de Verdun, en 1792, lors de l'invasion des Prussiens. La bourgeoisie, effrayée par quelques obus, força le conseil de guerre à signer une capitulation, dont Beaurepaire crut effacer la honte involontaire, en s'arrachant une vie qui appartenait à son pays. (Z).

BECKER, lieutenant-général.

Il était soldat, et ce fut en face de l'ennemi qu'il gagna tous ses grades; il servit long-temps dans l'intérieur comme général de brigade. A Austerlitz, où il se distingua, il obtint le grade de général de division. En 1807, il attaqua une colonne prussienne: général et soldats, tous furent prisonniers. Dans la même guerre, à Vienendorff et Zehdenick, il se signala de nouveau.

Il refusa de servir en Espagne, et tomba en disgrace.

En 1815, le département de la Drôme le nomma à la Chambre des représentans, où il se conduisit avec prudence et fermeté.

Le Gouvernement provisoire lui confia la mission délicate d'escorter Napoléon à Rochefort, après la seconde abdication de ce dernier.

Béguinot, général de division, né à Ligny (Meuse), mort à Paris en 1808.

Il fut soldat; il mourut sénateur et général de division : à une époque où les dignités n'étaient le prix que du courage ou du talent, dire ce qu'il fut, c'est faire connaître ce qu'il fit.

Béliard (*Augustin-Daniel*), né en 1769.

Ce général, sorti des rangs de l'armée de Dumouriez, se fit connaître à Jemmapes et à Nerwinde. A Arcole, il obtint le grade de général de brigade. L'expédition d'Egypte, qu'il fit comme général divisionnaire, lui donna ses plus beaux titres de gloire. A Austerlitz, à Jena, à Friedland, le général Béliard fut cité parmi les braves. En Espagne, il coopéra à la prise de Madrid, et en fut nommé gouverneur. En 1812, il eut un cheval tué sous lui à la bataille de la Moskwa, et fut nommé colonel-général des cuirassiers. Au retour de cette campagne, il fut fait aide-major-général de l'armée. En mars 1814, Napoléon lui confia le commandement de la cavalerie.

Le Roi le décora de la croix de Saint-Louis en mai 1814;

Pair le 4 juin de la même année;

Grand cordon de la Légion-d'Honneur le 4 août;

Major-général de l'armée que devait commander le duc de Berry, en mars 1815.

Envoyé près Murat par Napoléon, en qualité de Ministre extraordinaire;

Pair de la nouvelle Chambre le 2 juin;

Dépouillé de ses deux pairies le 24 juillet;

Incarcéré à l'Abbaye, et déposé en avril 1816, dans une maison de santé. (P. P.)

Berckeim (le baron), lieutenant-général.

A un âge où on est fier d'être sous-lieutenant, il était colonel de cuirassiers : c'était le prix du courage.

En 1807, officier de la Légion-d'Honneur. 1808, général de brigade. 1813, général de division. Chargé de la défense des départemens de l'Alsace en 1814, il organisa la levée en masse, et ne céda qu'à la supériorité du nombre. — 1814, chevalier de Saint-Louis. 1816, député pour le Haut-Rhin. (Z.)

BERNADOTTE (*Charles-Jean*), prince de *Ponte-Corvo*, maréchal d'Empire, d'abord prince royal, maintenant Roi de Suède.

Soldat en 1780, commandant une demi-brigade sous Kléber, général divisionnaire dans l'armée de Sambre-et-Meuse, commandant de Marseille en 1797, ambassadeur à la cour de Vienne en 1798, Ministre de la guerre en l'an 7, conseiller-d'état après le 18 brumaire, général en chef de l'armée de l'Ouest, maréchal d'Empire en 1804, commandant l'armée d'Hanovre et chef de la 8e. cohorte de la Légion-d'Honneur, commandant en 1809 du 9e. corps de la Grande-Armée, prince royal de Suède en 1810, l'un des chefs de la coalition contre la France en 1814, vainqueur de la Norwège dans la même année, enfin *Roi de Suède en* 1818.

Tête vaste, forte et calme, âme généreuse, cœur fier et chaud, intelligence aussi rapide qu'éclairée, telles sont les qualités dont se compose le caractère de ce prince destiné à donner aux peuples de hautes leçons, aux Rois de grands exemples, à concilier l'enthousiasme de l'indépendance avec le respect de l'autorité, et à résoudre le problême politique de la légitimité remontée par lui et pour lui à sa source.

Sa carrière est toute jonchée de palmes; mais en s'applaudissant de celles qu'il moissonna si souvent à la tête des Français, il regrette sans doute celles que le malheur des temps et la force des choses lui firent cueillir contre eux. Proclamons cependant avec quelque courage cette utile et irréfragable vérité; c'est que le prince royal de Suède avait dû cesser d'être Français.

Grand administrateur, ce fut à l'école des révolutions qu'il devint homme d'état. Appelé par les états de Suède à l'hérédité de la couronne, adopté par le roi Charles XIII, il se montra digne de ce double titre, et par l'énergique justice de son gouvernement, et par le tendre dévouement de sa piété. Appuyé sur le peuple, il a quelquefois soutenu le Roi, son auguste protecteur, toujours protégé les divers ordres et déconcerté les factions. Déjà, sous le nom de son père adoptif, il régnait, et n'oublia jamais qu'il commandait à une nation libre. Aujourd'hui qu'il est Roi, il continue un règne d'où dateront la gloire et la sécurité de la Suède, parce que ce règne aura fondé, dans une dynastie neuve et vierge de préjugés politiques, l'union du pouvoir et de la liberté. Quels moyens a donc pris Charles-Jean pour arriver à ce grand résultat? il s'est fait suédois.

(R. de W.)

Berruyer (*Jean-François*), né à Lyon en 1737, mort en 1804.

En 1792, Berruyer, qui servait depuis 1753, obtint le grade de colonel de carabiniers. Peu après on lui confia le commandement du camp qui fut formé sous Paris, lors de l'entrée des Prussiens sur le territoire français. Envoyé contre les Vendéens après des actions d'éclat, il éprouva quelques échecs; et pendant que son sang coulait pour la république, on cherchait à le perdre à Paris.

Au 13 vendémiaire il fut choisi pour commander le bataillon des patriotes qui vint se ranger sous les murs du palais conventionnel. Il eut dans cette journée un cheval tué sous lui.

En 1795, il fut employé à l'armée d'Italie comme inspecteur, et enfin ses longs services le firent nommer gouverneur des Invalides.

Nous ne devons pas omettre le trait de courage qui lui valut le grade d'officier en 1760. Une forte colonne de Prussiens cherchait à franchir un défilé pour s'emparer d'un poste important. Berruyer, à la tête de 60 hommes, ose tenter de l'arrêter; il réussit, et lorsqu'il est secouru par ses frères d'armes, on le trouve blessé de six coups de sabre et d'un coup de feu.

Bertèche (*L. F.*), adjudant-général, né à Sedan en 1764.

Volontaire de la marine en 1779. Sous-lieutenant en 1781. Lieutenant de gendarmerie en 1791. Capitaine en 1792. Lieutenant-colonel en 1793. Colonel du 16e. de chasseurs à cheval et commandant général de l'école de Mars en 1794. Dénoncé en 1795, il se justifia, et demanda sa retraite. Napoléon lui confia le commandement de Sedan lors de l'invasion. Instruit des événemens, il fit arborer le drapeau blanc : dès-lors les alliés n'eurent aucun prétexte pour chercher à y entrer. Par cet acte de prudence, il éloigna de Sedan les malheurs d'un siége ou d'une occupation, et conserva à la France le matériel que renfermait la citadelle.

A Jemmapes il venait de sauver la vie du général Beurnouville, lorsqu'un peloton de dragons les enveloppa. Bertèche en tue douze de sa main, reçoit quarante-un coups de sabre, un coup de feu au bras, et perd son cheval; cependant il se fait jour, et rejoint l'armée victorieuse.

Berthier (*Alexandre*), prince de Wagram et de Neufchâtel, etc., maréchal d'empire, né à Versailles en 1753, mort à Bamberg en 1815.

Officier de génie, puis capitaine de dragons au régiment de Lorraine, il fut envoyé en Amérique, où il servit avec distinction sous les ordres du général La Fayette.

Il revint en France colonel, et lors des premiers mouvemens révolutionnaires, la confiance de ses concitoyens lui mérita d'être major-général de la garde nationale de Versailles.

Adjudant-général en 1791. — Chef d'état-major-général en 1792. — Général de division en 1796. — Général en chef de l'armée d'Italie en 1798. — Chef de l'état-major-général de l'armée d'Égypte en 1799. — Ministre de la guerre en 1800. — Maréchal d'Empire en 1803. — Grand-veneur en 1804. — Prince de Neufchâtel et de Valengin en 1806. — Prince de Wagram, vice-connétable et major-général de la grande armée pendant toutes les campagnes. — Pair de France et capitaine d'une compagnie des gardes-du-corps en 1814.

L'Amérique, la Flandre, la Vendée furent les théâtres de ses premiers exploits. En Italie, Ceva, Mondovi, le passage du Pô, la bataille de Lodi le rangèrent parmi les officiers supérieurs du premier mérite. Aussi bon administrateur que brave capitaine, il fut chargé d'organiser la république romaine en 1798, et le Piémont en 1800.

Il eut le portefeuille de la guerre, fut chargé de plusieurs missions importantes, et suivit Napoléon, dont il avait la confiance, dans toutes ses campagnes.

En 1814, Berthier adhéra à la déchéance de l'Empereur, et fut comblé d'honneurs par le Roi.

En 1815, il se retira en Bavière pendant le court règne de Napoléon. Étant tombé d'une fenêtre du palais de Bamberg, il mourut de cette chute sur-le-champ. Il était âgé de soixante-deux ans.

La pairie héréditaire a été dévolue à son fils aîné. (P.P.)

Berthier (*Léopold*), général de division, né à Marseille en 1770, et mort en 1807.

Sous-lieutenant en 1785.—Ingénieur-géographe, chef de bataillon en 1792. — Adjudant-général en 1795.—Général de brigade en 1798. — Général de division en 1805. Il fut chef d'état-major de l'armée de Naples, puis de celle de Hanovre.

Austerlitz, Hall, Lubeck, furent les théâtres de sa gloire.

Il était frère du prince de Wagram.

Berthier (*César*), frère de Léopold et d'Alexandre. Il fut long-temps employé sous ce dernier, et lui dut son avancement. Il devint inspecteur aux revues pendant le consulat, et fut chef de l'état-major-général de la ville de Paris. En 1806, il fut nommé général de brigade, et depuis, presque toujours employé dans l'administration de l'armée.

Berthois, colonel de génie et directeur des fortifications de Lille en 1792, époque de la première guerre avec l'Autriche.

Biron venait de tenter sur Mons une attaque infructueuse, et l'armée éprouvait sur la route de Lille à Tournay une déroute complète, fruit d'une terreur panique. Les soldats, honteux et furieux contre eux, immolent à leur fureur, à leur honte, à leur pusillanimité, une première victime dans la personne de l'infortuné Dillon; puis étendant à Berthois ces émotions lâches et insensées, ils le pendent à un réverbère, sous le prétexte affreux et frivole qu'il avait jeté le fatal cri de *sauve qui peut*. Sa mémoire, lavée d'un reproche odieux, fut réhabilitée le 9 juin 1792 par l'Assemblée législative, qui reconnut qu'à l'innocence de sa vie il avait joint la résignation de sa mort. (Z)

Bertinot (*A. L.*), officier de dragons, né à Paris en 1785, mort près de Tarragone, en 1809.

Celui dont la jeunesse promettait un général dans l'âge mûr, et dont les exploits honoreraient un vétéran de l'armée, doit trouver une place parmi ces héros qui comptent leurs campagnes par des batailles, leurs années de service par des blessures.

Elève de l'Ecole militaire de Fontainebleau,

il fut reçu sous-lieutenant au 24e. de dragons en 1806. Envoyé en Espagne, il était à la bataille de Villa-Franca le 21 décembre 1808; ce fut la première bataille rangée à laquelle il se trouva, et il y donna ses preuves en faisant prisonniers plusieurs officiers espagnols.

Sous Tarragone le 15 février 1809, dans un terrain difficile, il exécuta avec son peloton une charge qui fut remarquée, et par son résultat, et pour l'impétuosité avec laquelle elle fut faite. Son cheval fut tué sous lui, et était percé de sept balles. Bertinot, toujours prêt à combattre, exécute une nouvelle charge, rompt tout ce qui s'oppose à lui, et est sur le point de prendre le général Reding lorsqu'il reçoit un coup mortel. L'armée, témoin de sa mort et de son courage, honora sa mémoire de ses regrets et de ses éloges. (P. P.)

Bertrand (*H. G.*, comte), général de division, né à Châteauroux.

Son goût et ses études en firent un excellent officier de génie. Mêlé dans les rangs, il montra qu'il avait le courage d'un soldat; et quand il commanda un corps d'armée, il prouva qu'il aurait pu commander en chef.

En Italie, il fit ses premières armes. En Egypte, il développa ses talens; c'est là que Napoléon apprit à le connaître. Il servit en

1804 au camp de Saint-Omer. En 1805, il était à Austerlitz. Devenu aide-de-camp de Napoléon, il le suivit dans toutes ses campagnes, le servit avec zèle, courage et dévouement.

En 1809, il construisit ces beaux ponts qui firent l'admiration de l'Europe, et qui conduisirent nos soldats à la victoire.

En 1813, à Lutzen, à Bautzen, à Leipsick, à Hanau, il commanda en général expérimenté, et se battit en soldat. Il couvrit Mayence et Cassel pendant plusieurs jours pendant lesquels l'armée passa le Rhin sans être inquiétée.

Napoléon le nomma alors grand-maréchal de palais. Il revola aux combats, et Brienne, Montmirail, Nangis, Montereau, Champ-Aubert, Craonne, furent encore témoins de sa valeur.

Napoléon déchu conserva les sermens de Bertrand, qui consentit sans hésiter à partager son exil de l'île d'Elbe. Fidèle dans les revers comme dans la prospérité, il le suivit encore à Saint-Hélène, après avoir partagé ses triomphes et ses malheurs en 1815.

Porté sur la liste du 24 juillet, il fut mis en jugement, et condamné à mort par contumace. (P. P.)

Beurmann (*F. A.*), maréchal-de-camp.

Soldat en entrant au service, il devint rapidement chef d'escadron. — Colonel en 1805. — Général de brigade en 1811.

C'est à Austerlitz qu'il obtint l'honneur de commander le 17e. régiment de dragons, à la tête duquel, en 1809, il fit à Talavera une charge brillante, qui fit tomber entre nos mains cinq canons et dix caissons. A Figuières, à Tarragone, les Espagnols et les Anglais apprirent qu'il était autant à craindre comme général, qu'il avait été redoutable en chargeant à la tête de son régiment.

Beurnonville (*Pierre* de), marquis de Riel, maréchal de France, né à Champignolles (Yonne) en 1752. Son père était maréchal ferrant.

Destiné à l'état ecclésiastique, il fut envoyé jeune encore, à Paris, pour y suivre ses études; mais préférant Follard à saint Augustin, on le trouva plus propre à faire un mousquetaire qu'un abbé, lorsqu'il passa aux examens. En effet, quelque temps après, il entra dans les gendarmes de la reine en qualité de surnuméraire. Guidé par le désir d'obtenir un prompt avancement, il alla aux Indes comme soldat, et devint major de la milice de Bourbon. Rentré en France à la suite d'une injuste destitution, il acheta une charge d'officier dans les gardes suisses.

Lorsque la guerre éclata en 1792, M. de

Beurnonville parut aux premiers rangs : il devint maréchal-de-camp. Sainte-Menehould, Jemmapes, furent pour lui des journées de gloire. La prise de Mons, Quiévrain, Sarrebruck, etc., mirent le sceau à sa réputation. Enfin, celui qui avait assisté à cent-soixante-douze combats, dans le cours d'une année, fut appelé au Ministère de la guerre au commencement de 1793. Peut-être eût-on mieux fait en le laissant à la tête de nos colonnes pour les guider encore à la victoire. Quoi qu'il en soit, sous son ministère, la France ne compta que des défaites; et lorsqu'il voulut aller au milieu des camps ranimer le courage de nos bataillons et prévenir les desseins de Dumouriez, il fut arrêté avec les commissaires de la Convention, au milieu de l'armée qui naguère n'agissait que par ses ordres. Conduit au quartier-général ennemi pour y être livré, il essaya mais en vain de disperser son escorte : il avait affaire à deux cents hommes, et fut obligé de rentrer dans sa voiture avec une blessure à la cuisse. Il resta jusqu'en novembre 1795, dans les prisons d'Olmutz, qu'il fut échangé contre S. A. R. MADAME.

Il fut alors quelque temps sans être en activité; obtint en 1797 le commandement de l'armée française en Hollande; en 1798, devint inspecteur-général de l'infanterie.

Ayant secondé Bonaparte au 18 brumaire, il fut envoyé en ambassade à Berlin en 1800, à Madrid en 1802.

En 1805, il devint sénateur et grand-aigle de la Légion-d'Honneur; obtint en 1809 la sénatorerie de Limoges.

En 1814, il fit partie du Gouvernement provisoire qui succéda à l'Empire. Le Roi le fit Ministre-d'état, pair, grand-cordon de la Légion-d'Honneur. Au retour de Napoléon, il se retira à la campagne, et entra au conseil-privé lors de la rentrée du Roi. S. M. l'a fait, en 1816, commandeur de l'ordre de Saint-Louis et maréchal de France. (P. P.)

Bessières, duc d'Istrie, maréchal d'Empire, né à Pressac (Lot) en 1769, mort à Lutzen le 1er. mai 1813.

En 1792 il était soldat; en 1796, capitaine; en 1797, chef d'escadron commandant des guides de Bonaparte; en 1798, chef de brigade; en 1799, général de brigade; en 1801, général de division; en 1802, maréchal d'Empire.

Il fut chargé d'apporter à la Convention les drapeaux pris à Rivoli, à la Favorite. Au 18 brumaire, il seconda Bonaparte.

Rivoli, la Favorite, Roveredo, Aboukir, Marengo, La Bormida, Austerlitz, Jena, Eylau, Medina del rio Secco, sont des journées immortelles, auxquelles Bessières attacha son nom, qui passera avec elles à la postérité.

C'est lui qui décida la victoire de Roveredo, en s'emparant de deux canons qui foudroyaient nos rangs; il n'avait avec lui que six cavaliers.

A Marengo, à la tête de 120 grenadiers à cheval, il charge la cavalerie autrichienne, et commence la déroute.

A Austerlitz, à la tête de la garde, il s'empare d'une partie de l'artillerie russe.

A Eylau, plusieurs charges brillantes arrêtent les colonnes russes, et décident leur retraite.

A Medina del rio Secco, avec 14,000 hommes il défait 60,000 espagnols, commandés par Cuesta: 40 pièces de canon tombèrent en notre pouvoir. En apprenant le succès de cette bataille, Napoléon s'écria: « C'est la bataille de Villa-Viciosa : Bessières a mis Joseph sur le trône : » s'il n'eût eu que des Espagnols à vaincre, Napoléon aurait eu raison, la bataille était décisive; mais le fanatisme et les Anglais recrutèrent bientôt de nouvelles armées, et Baylen ranima les Espagnols découragés par la défaite de Cuesta.

La veille de la bataille de Lutzen, en examinant le terrain où triompha et périt Gustave-Adolphe, il fut emporté par un boulet. Un jour plus tard et il comptait un laurier de plus. Il avait commandé en Espagne où il avait fait aimer son autorité : il était colonel de la garde. (P. P.)

Beysser (*S. M.*), né à Ribauvilliers (Haut-Rhin) en 1748, mort à Paris en avril 1794.

Jeune encore, il passa aux Indes, en revint chirurgien-major, et entra au service de la Hollande. Se trouvant en Bretagne à l'époque des premiers troubles, il prit du service dans les armées qui vinrent pour rétablir l'ordre. Doué de courage et de fermeté, il possédait peu les qualités qui forment un bon général ; il y suppléa par la connaissance de la manière dont il fallait combattre les Vendéens, auxquels il sut se rendre redoutable. Elevé au grade de général de division, il battit l'ennemi chaque fois qu'il le rencontra, et n'éprouva qu'un seul revers.

L'histoire doit perpétuer, sur ce général, le trait suivant. Il fut instruit qu'à Machecoul quatre-vingt-quatre femmes, dont les maris avaient combattu contre les Vendéens, étaient détenues, et qu'on voulait leur ouvrir les veines ; c'est à minuit que le général reçut cette nouvelle. Sur-le-champ il se met à la tête de la cavalerie, passe sur le ventre à 5000 Vendéens, et arrive au secours de ces malheureuses, lorsque quatre avaient déjà les veines ouvertes. Quelques jours auparavant il avait déjà, par un semblable trait, sauvé soixante-cinq soldats républicains qu'on allait massacrer.

Destitué et incarcéré à la fin de 1793, il fut enveloppé dans la prétendue conspiration des prisons, condamné à mort et exécuté le 13 avril 1794 : il marcha au supplice avec le courage d'un soldat et la résignation d'un philosophe. (P. P.)

BICQUILLEY (*P. M.*, baron de), général d'artillerie, né à Toul en 1771, mort en 1809.

En 1792, il entra dans l'artillerie comme sous-lieutenant. Des services importans dans l'arme qu'il avait choisie le firent avancer rapidement. La défense de Dunkerque, les champs de bataille de Alkmaër, d'Ulm, d'Jena, attestent sa bravoure. C'est à Friedland, où il était chef d'état-major du 6e. corps, qu'il se distingua le plus honorablement. Il y fut blessé, y eut un cheval tué sous lui, et ne songea à faire adoucir ses douleurs que lorsqu'il vit la bataille gagnée.

BIGARRÉE (*J. L.*), lieutenant-général.

Plusieurs actions d'éclat l'élevèrent des derniers rangs de l'armée au grade de général de brigade, qu'il obtint en 1809. A Austerlitz, où sa bravoure le fit distinguer, il obtint l'étoile de la Légion-d'Honneur.

En Espagne, il commanda la garde du roi Joseph, dont il était aide-de-camp. Rentré en France avec l'armée, il ne posa les armes qu'après la chute de Napoléon qui, le 17 mars 1814, l'avait fait général de division. Le Roi le créa chevalier de Saint-Louis, et Napoléon, lors de son retour, l'employa dans l'intérieur, et le fit comte. Le département d'Ille-et-Vilaine l'avait porté à la Chambre des représentans, où il ne parla pas.

Biron (*A. L. de Gontaud*, duc de), né en 1747, mort le 31 décembre 1793.

Ce fut dans la guerre d'Amérique qu'il fit ses premières armes : il y acquit de la gloire et y puisa des principes libéraux.

Rentré en France, il fut élu député aux États-généraux. Après la session de l'Assemblée constituante, il obtint le commandement de la Corse, passa à Londres, au lieu de se rendre à son poste, et y fut arrêté pour dettes. De retour en France, il obtint le commandement de l'armée du Rhin, et peu après celui de l'armée d'Italie, où il débuta par l'occupation du comté de Nice. Rappelé de cette armée, il fut envoyé en Vendée, où il contribua au succès de Parthenay, et où il reprit Saumur. Mais, poursuivi par des dénonciations, il fut rappelé, et paya bientôt de sa tête l'avantage frivole dans tout temps, et alors si dangereux, d'être noble, et l'imprudence d'avoir eu des liaisons trop intimes avec le duc d'Orléans. Il fut condamné à mort, et subit son arrêt avec un sang-froid et une fermeté héroïques.

Bisson (*P. F. J. G.*, comte), né à Montpellier en 1767, mort à Padoue en 1811.

Il entra au service comme enfant de troupe, et mourut général de division.

Il fut nommé gouverneur, pendant nos conquêtes successives, du Brunswick, de la Navarre, du Frioul et du comté de Gorizia.

Il se distingua au passage du Mincio, à Marengo, à Jena, à Eylau.

Les deux traits suivans feront connaître ses talens et sa bravoure :

L'ennemi marchait sur le Catelet-sur-Sambre: Bisson, avec 60 grenadiers et 50 dragons, est chargé de défendre ce point important. Le général Legrand s'avançait pour le secourir; mais l'ennemi pouvait d'un coup de main entrer dans le Catelet : il fallait lui donner le change, et lui faire croire que la place était bien défendue. Que fait-il? il ordonne de couper le pont de la Sambre, place ses grenadiers en tirailleurs à deux gués en avant du pont, partage ses dragons en trois pelotons sur la rive du fleuve. Ces dispositions prises, il fait battre par deux tambours dans plusieurs quartiers. L'ennemi, à qui ces dispositions font croire qu'il a des forces imposantes en tête, prend les dispositions nécessaires pour une attaque en règle. Pendant ce temps le général Legrand arrive, et le Catelet est sauvé.

A Massenheim, n'ayant qu'un bataillon de 400 hommes, il se trouve attaqué par 3000 hommes d'infanterie et 1200 hommes de cavalerie. Il soutient vigoureusement l'attaque; mais bientôt son monde est diminué d'un tiers : alors il se jette seul au milieu du régiment de cavalerie, se fait jour à travers, traverse la Naw à la nage, se rend à Kirn, où, trouvant deux bataillons, il s'empare des défilés par lesquels l'ennemi débouchait. (Z.)

Bizanet, maréchal-de-camp.

Sa bravoure lui fit obtenir les grades inférieurs; sa fermeté dans nos orages politiques l'éleva aux premiers rangs de l'armée. Gouverneur de Monaco, puis de Toulon, il fut fait adjudant-général pour avoir déjoué le projet de livrer la première de ces villes à l'ennemi, et général de brigade pour s'être opposé aux jacobins dans la dernière. Employé à l'armée d'Italie, il se distingua à la prise du camp de Fougasse, le 17 avril 1794. Il fut ensuite long-temps sans activité.

En 1812, il reprit du service et fut chargé du commandement de Berg-op-Zoom. Attaqué par les Anglais, il soutint, le 8 mars 1814, à la suite d'un siége, un assaut où son courage et son habileté furent admirés. Il saisit le moment où les Anglais, pénétrant dans les ouvrages de défense, se croyaient vainqueurs, et tenta une sortie si bien conduite, que l'armée de siége fut mise en déroute. Un grand nombre de tués, une multitude de prisonniers, et la plupart des généraux tombés entre nos mains, tels furent les résultats de cette brillante manœuvre. (Z.)

BLAMMONT (*J.*, baron de), maréchal-de-camp.

Soldat avant nos troubles politiques, il fut fait capitaine en 1792, adjudant-général en 1794, colonel en 1808, général de brigade en 1811, lieutenant-général par le Roi le 20 mars 1814.

Il reprit le rang de général de brigade et servit en cette qualité, en 1815, sous Napoléon, et fut élu membre de la Chambre des Représentans.

Il servit en Vendée et en Suisse, montra des talens et du courage lors de la conquête de la Poméranie suédoise, et rendit Ratisbonne, en 1809, et Borizow, en 1812, témoins de sa gloire. Il fut fait prisonnier à la Bérésina. On peut dire de lui qu'il compte les batailles où il assista par les blessures qu'il reçut.

Bois-Gérard (*A. F. Barbuat de*), né en 1767 à Tonnerre, mort à Naples en 1798.

Élève de l'école militaire, il entra dans le génie en 1791. Il rendit de grands services à l'armée aux siéges de Landrecies et de Valenciennes, et se distingua particulièrement à celui du Quesnoy, où il fut dangereusement blessé. Élevé au grade de général de brigade, Moreau, qui savait apprécier ses talens, l'appela dans son armée. Envoyé l'année suivante en Italie, il aida Championnet de ses conseils. Au combat qui se livra dans les rues de Naples, il reçut une blessure, dont il mourut après quelques jours de souffrances.

Boivin (*J. D.*), maréchal-de-camp, né à Paris en 1756.

Il servit comme soldat dans les dragons du Roi, de 1771 à 1779, qu'il obtint son congé. Le 14 juillet 1789, on le vit se ranger parmi les volontaires qui grossirent les rangs de la garde nationale. Dans l'espace de quelques mois, il devint successivement capitaine, adjudant, adjudant-général et chef de bataillon.

En 1793, il rejoignit l'armée de la Vendée, et se distingua à Vic.

Élevé au grade de général de brigade en 1794, il obtint le commandement de la ville de Nantes.

Il servit ensuite dans les armées d'Helvétie, du Rhin et de Batavie. A Schwitz, à la tête d'une colonne, il enleva deux redoutes, quatre pièces de canon, et fit mille prisonniers. Le lendemain, il fut maître de la ville et délogea l'ennemi du Tentalmont. Saten, en Suisse, New-Isembourg, près Francfort, furent encore témoins de sa bravoure.

Bollemont, général d'artillerie, né à Arrancy (Meuse) en 1749.

Il entra au service en 1765; il servit avec honneur jusqu'en 1792, qu'il parvint aux emplois supérieurs. Il commanda l'artillerie de l'avant-garde de l'armée des Alpes, et, en 1793, passa à l'armée de Belgique. Après la déroute de Nerwinde et la défection de Dumouriez, il sauva par sa prudence le grand parc d'artillerie. A Maubeuge, à Charleroi, à Fleurus, il fut cité honorablement. Il partagea avec Kléber et le général Marescot l'honneur de la prise de Maëstricht. En 1798, il fut fait prisonnier en cherchant à dégager un parc d'artillerie qui était dans Wurtzbourg. A la paix, rendu à sa patrie, il fut nommé inspecteur-général d'artillerie.

L'estime de ses concitoyens le porta, en 1803, au Corps-Législatif. Ses longs services et quelques infirmités lui avaient fait obtenir sa retraite.

Bompart (*J. B. F.*), contre-amiral, né à Lorient en 1757.

Il entra en 1776 dans les volontaires de la marine; et ce fut dans les guerres de l'Inde et d'Amérique qu'il trouva l'occasion de développer des talens auxquels il dut un avancement qu'une rudesse et un abord rebutans rendaient d'ailleurs difficile.

Parvenu aux honneurs du commandement supérieur, il livra plusieurs combats qui lui firent le plus grand honneur. En 1793, il commandait la frégate *l'Embuscade*, de 36, et était à New-York lorsqu'une frégate anglaise de 44 vint le provoquer. Bompart donne aussitôt le signal, et après sept heures d'un combat opiniâtre, la frégate anglaise fut rasée et obligée de s'éloigner. A Ouessant, éloigné du combat faute d'instructions de ses chefs, il fut accusé de trahison et jeté dans les fers. Après le 9 thermidor, qui le rendit à la liberté, il reprit le commandement, et partit, en 1799, avec la division de l'expédition d'Irlande, qui lui avait été confiée. Arrivé aux côtes d'Irlande, il est entouré par quatre vaisseaux anglais, et ne se rend qu'après trois heures d'un combat le plus opiniâtre : c'est le vaisseau *le Hoche* qu'il montait. Les Anglais, étonnés de sa résistance, rendirent hommage à sa bravoure en ne le retenant pas prisonnier. Rentré en France, il obtint sa retraite. (Z.)

BON, général de division, né à Valence, mort devant Saint-Jean-d'Acre.

Un coup-d'œil juste et rapide, du sang-froid dans la défense, de l'impétuosité dans l'attaque, telles furent les qualités qui firent pressentir à Dugommier un général dans le jeune Bon. Il facilita son avancement, et Bon fut bientôt apppelé au commandement des armées.

Ce brave général, qui comptait autant de blessures qu'il avait livré de combats, périt trop tôt pour sa patrie : il fut tué au siége de Saint-Jean-d'Acre, en conduisant les grenadiers à l'assaut.

Les champs de Saint-George et le pont d'Arcole, en Italie; Alexandrie, Rosette, les Pyramides, le Caire, en Égypte; Jaffa, Korsum, le Mont-Thabor, Saint-Jean-d'Acre, en Syrie, furent témoins de sa gloire et porteront son nom à la postérité. (P. P.)

BONAMY (*A.*), maréchal-de-camp.

Il servit aux armées du Nord et de Sambre-et-Meuse : il y était en qualité d'adjudant-général en 1796. En 1798, il fit la campagne de Naples sous Championnet, comme chef d'état-major-général.

Dégoûté du service par une fausse accusation

qui le fit destituer et traîner dans les cachots, il se retira et fixa son domicile en Bretagne.

En 1811, il fut réintégré dans son grade, et l'année suivante il fit la campagne de Russie. A la bataille de la Moskwa, il se couvrit de gloire : à la tête d'une compagnie, il venait d'emporter une redoute; l'ennemi se présente en force pour la reprendre; Bonamy, à la tête d'une poignée de braves, lutte long-temps et conserve l'avantage; blessé grièvement, il est bientôt obligé de se rendre, et sort prisonnier d'un poste qui, un instant auparavant, aurait aidé à son triomphe.

En 1815, le collége électoral de son département l'envoya au Champ-de-Mai, convoqué pour la publication de l'Acte additionnel aux constitutions de l'Empire.

Bonnaire (*J. G.*), maréchal-de-camp, né à Covey (Aisne) en 1770.

En 1791, il entra au service : quelques actions marquantes l'ayant signalé, il devint colonel. En 1813, il fut fait général de brigade. En 1815, Napoléon l'appela au commandement de Condé. Après la fatale journée de Waterloo, le colonel Gordon se présenta dans la place comme parlementaire, pour faire reconnaître l'autorité du Roi : il fut massacré par la garnison. Le général Bonnaire fut mis en jugement pour ce fait : il fut condamné à la déportation : son aide-de-camp Mietton fut condamné à mort et exécuté.

BONNARD, lieutenant-général.

Altenkirchen et Lérida furent pour lui de glorieuses journées. Soldat, officier-général, toujours il fut le même, brave et prudent. Les Alpes, le Rhin et la Péninsule le virent souvent vainqueur.

BONNAUD (*J. P.*), général de division.

De soldat, il devint général. Des actions d'éclat, des blessures honorables payèrent chacun de ses grades. A Turcoing, à Pont-à-Marck, ses efforts contribuèrent à fixer la victoire. Breda fut témoin de sa valeur : pour s'en emparer, il traverse le Wahal glacé, s'élance dans les lignes de défense, prend 18 canons, 500 prisonniers, drapeaux et munitions : tout cède à son courage. A Berg-Éberack, à Rednitz, à Castel, il cueille de nouveaux lauriers.

Bientôt la mort vint mettre un terme à ses exploits; mais sa mort fut encore un triomphe, car il périt au champ d'honneur.

BONNEMAIN (le baron), maréchal-de-camp.

Il entra au service comme sous-lieutenant de dragons : il s'avança rapidement, et en 1805, il obtint le commandement du 5e. de chasseurs à cheval. En 1811, il fut fait général de brigade.

En Prusse et en Pologne, il se rendit redoutable : souvent il mit l'ennemi en fuite avant d'avoir combattu. En Espagne, à Truxillo, à Medelin, à Albacon, il soutint sa réputation. A Talavera, un bataillon français était enveloppé et sur le point de poser les armes, Bonnemain s'en aperçoit, charge les Espagnols, et rend à l'armée 500 braves qu'elle allait perdre. En 1814, il fit partie de l'armée du prince Eugène. A Caldiero, à Villa-Franca, il battit les Autrichiens : à la bataille du Mincio, on lui dut une partie du succès.

Bonnet (le comte), lieutenant-général.

Il se fit soldat par inclination, et devint général par ses hauts faits.

En 1802, il obtint le commandement d'une division, et fit avec honneur les campagnes d'Autriche et de Prusse. Appelé en Espagne, il fut nommé gouverneur de la Galice : il sut conserver cette province, et il fit la conquête des Asturies, où il battit Marquisito et Baleysteros. Chargé de protéger la retraite de l'armée de Portugal en 1812, il fut blessé au combat des Arapilès.

En 1813, il se distingua à Lutzen et à Bautzen; et après la bataille de Dresde, il pénétra en

Bohême, et obtint à Tœplitz des succès que la défaite de Culm rendirent inutiles.

Il est grand-officier de la Légion-d'Honneur, et en 1814, S. M. l'a décoré de la croix de Saint-Louis.

BORDESOULT (le comte).

Il entra sous-officier dans un régiment de cavalerie, dont bientôt il fut major : il devint colonel en 1805, à Austerlitz, où il se signala. A Friedland, il obtint l'étoile de la Légion-d'Honneur. Il passa en Espagne en qualité de général de brigade, battit Castaños dans les environs de Madrid, et continua à se signaler jusqu'en 1811. En Russie, il rompit plusieurs carrés d'infanterie aux affaires de Solminicki, de Krasnoë et à la bataille de la Moskwa.

En 1814, chevalier de Saint-Louis et inspecteur de cavalerie. En 1816, commandeur de l'ordre royal et militaire de Saint-Louis.

BOUDET (*Jean*, comte), lieutenant-général, né à Bordeaux en 1770, mort en 1809.

Il était bien jeune lorsqu'il fit, en qualité de sous-lieutenant, ses premières armes dans la légion de Maillebois. On le vit ensuite servir honorablement comme simple dragon.

En 1792, il parut à la tête d'une compagnie franche bordelaise. Envoyé à l'armée des Pyrénées occidentales, il mérita bientôt de commander toutes les compagnies franches avec le grade de chef de bataillon. Envoyé à la Guadeloupe, il y battit les Anglais, bien supérieurs à lui par le nombre, mais sans doute inférieurs en courage : il y fut fait général de brigade, et mit cette île dans un état de défense respectable.

En 1797, il fut fait général de division, et rentra en France en 1799. Employé sous Brune en Hollande, il décida l'affaire de Castricum.

Dans la campagne de 1800, Chiusella, Ivrée, Plaisance, Marengo le virent combattre et vaincre.

A Saint-Domingue, ses succès rappelèrent qu'il avait été vainqueur à la Guadeloupe.

De retour en France, il fit encore plusieurs campagnes avec honneur; et à Essling, il eût augmenté sa gloire s'il eût été possible. Ses nombreuses blessures, ses campagnes multipliées altérèrent sa santé : il mourut en septembre 1809, au moment où la paix allait le rendre au repos et à sa patrie. (P. P.)

BOUILLÉ (*L. J. A.*, marquis de).

Il fit ses premières armes sous son père le lieutenant-général Bouillé; il quitta la France en 1791, servit en Suède et en Prusse. Rentré en France après la paix d'Amiens, il prit du service dans le royaume de Naples où il se distingua, et en Pologne dans la campagne de 1807.

En 1808, chef d'état-major de division. 1809, chef d'état-major-général. 1810, général de brigade. 1814, lieutenant-général.

A Ciudad-Real, à Almonacid, il montra du courage; à Baza, où, à la tête du corps d'observation du Midi, il battit l'armée espagnole de Murcie, il développa les talens d'un bon général.

Bourcier, lieutenant-général, né en Lorraine.

De la bravoure comme soldat, du talent comme général, des lumières comme administrateur, valurent au général Bourcier un rapide avancement. Sous-officier en 1791, il était divisionnaire en 1794. Aux campagnes de 1806, de 1809 et de 1812, il mérita de grands éloges. En 1800, d'importantes fonctions administratives lui furent confiées; en 1806 et en 1813, il remonta la cavalerie française, détruite par nos victoires et nos désastres.

Bourmont (*Louis*, comte de), né à Bourmont.

Il fut officier aux gardes françaises, émigra, servit dans l'armée de Condé et dans l'armée vendéenne de Scépeaux. Lors de la pacification de 1799, il refusa d'abord d'y accéder. Peu de temps après, il était en grande faveur près de Napoléon. Après quelques mois, il fut mis au

Temple, et bientôt on apprit son exil. Il trouva moyen de rentrer en France, et de regagner la faveur du dispensateur de tous biens. Il prit du service en qualité d'adjudant-général. Sa belle conduite à Dresde l'éleva au rang de général de brigade; et peu après, quelques nouveaux services le firent nommer général de division.

Sa défense de Nogent, en 1814, lui mérita l'admiration de ses compatriotes et l'estime des étrangers.

Le Roi lui confia le commandement de la 6e. division militaire. M. de Bourmont a assuré qu'il avait tout fait pour arrêter la course rapide de Napoléon en 1815. Néanmoins on le vit avec peine prendre du service sous le nouveau Gouvernement, et avec plus de peine encore on apprit qu'il avait trahi ses sermens le 14 juin 1815.

Le Roi lui a confié le commandement du département du Nord. (P. P.)

Boussard (le baron), général de division.

Le duc d'Albuferra assiégeait Lérida; le général espagnol O'Conell se présente avec 15,000 hommes, et veut débloquer le fort. Le duc d'Albuferra marche au-devant de l'ennemi, le repousse, mais ne peut le mettre en fuite. La garnison du fort fait une sortie, et cherche à faire une diversion. Il faut que l'affaire soit promptement décidée. Le général Boussard se met à la tête du 13e. de cuirassiers, tourne l'ennemi avec ce seul régiment, tombe sur ses derrières, et le met dans la plus affreuse déroute. Quelques jours après, Lérida se rendit.

A Czarnowa, à Pulstuck, à Vimaroz, à Sagonte, même hardiesse, même succès. Dans les deux premières affaires, il reçut d'honorables blessures. Au passage de la Guadalaviar, entraîné par son impétuosité après avoir rompu l'ennemi, il se trouva enveloppé au milieu de ses bataillons épars, et fut obligé de se rendre. Repris par les Français avant la fin du combat, il continua à se distinguer. En 1813, il trouva sur le champ de bataille une mort glorieuse et digne d'un brave tel que lui.

Bouvet de Cressé.

Au combat livré le 1er. mai 1794 (13 prairial an 2), le vaisseau anglais *la Reine Charlotte* était à demi-portée de canon du vaisseau français amiral *la Montagne*, et par son feu balayait le pont pour la cinquième fois. M. Bouvet de Cressé (poussé par un de ces mouvemens que font naître les circonstances critiques) demande à l'amiral Villaret de balayer le pont de *la Reine Charlotte*. L'amiral lui objecte qu'il va se faire tuer. Qu'importe, répond-il, si je suis utile à ma patrie. Aussitôt il se glisse de degrés en degrés au milieu des balles que les Anglais font pleuvoir sur lui, et parvient à son but. Il met le feu à la caronade de 36 à bas-bord, et *la Reine Charlotte*, abîmée par l'effet de la caronade, ne parvient à se sauver que par une prompte fuite.

BOUVIER DES ECLATS (le baron), maréchal-de-camp.

Il fit ses premières armes en Italie, sous le général Bonaparte.

Colonel en 1806; général de brigade en 1809.

A Austerlitz, à Gébora, à Santa-Marta, il fut cité pour sa bravoure et ses talens.

BOYER DE PEYRELEAU (*E. E.*), né à Alais (Gard) en 1774.

Il entra fort jeune au service. L'amiral Villaret-Joyeuse pressentit ses talens, et se l'attacha comme aide-de-camp en 1802. De ce moment, M. Boyer ne quitta l'amiral qu'à sa mort en 1812; à cette époque, il fit la campagne de Russie, et se distingua jusqu'en mars 1814.

Nommé par le Roi au commandement en second de la Guadeloupe, il arbora le drapeau tricolore en 1815. Forcé de se rendre aux Anglais, il fut ramené en France et mis en jugement. Il fut condamné à mort le 11 mars 1816.

Le Roi a commué cette peine en une détention de vingt ans (1).

BOYER DE RÉBEVAL (*J.*, baron de), lieutenant-général.

Il passa par les grades inférieurs, et s'y distingua en plus d'une occasion. En 1803, chef de bataillon; en 1804, colonel. Il commanda alors les fusiliers de la garde. En 1808, général de brigade; en 1810, adjudant-général de la garde; en 1812, général de division.

La Prusse, la Pologne, l'Autriche, la Russie, la Saxe, furent témoins de sa valeur. En 1814, à Méry-sur-Aube, il combattit en soldat courageux autant qu'en général expérimenté.

BRAYER (le baron), lieutenant-général.

Long-temps major du 9e. régiment de ligne, il devint, après quelques actions d'éclat, colonel du 2e. léger. Sa belle conduite à Austerlitz lui valut le grade de général de brigade. A Burgos, en 1808, il mérita l'étoile de commandant de la Légion-d'Honneur. A Bienveneda en 1810, à Santa-Marta en 1811, il détruisit entièrement deux corps espagnols. En 1813, il fut fait général de division.

---

(1) Son procès, aussi bien que ceux du maréchal Ney et des généraux Debelle, Cambronne, Drouot, etc., ont été publiés par *Plancher*, libraire, rue Poupée.

En 1815, il fut nommé pair par Napoléon, et eut un commandement.

Porté sur l'ordonnance du 24 juillet, il quitta le royaume.

Brennier, baron de Montmorand, lieutenant-général.

Il s'enrôla volontairement, et par quelques talens et beaucoup de courage, il parvint au généralat. En 1811, le commandement d'Almeïda lui ayant été confié, il se trouva bientôt bloqué par les suites de la retraite de l'armée de Portugal. Le général Brennier, avec une faible garnison, résista à l'armée anglaise, et le maréchal Masséna accourut pour le secourir. Ce grand capitaine trouve, devant la place, Wellington avec 45,000 hommes, l'attaque, et ne peut lui faire quitter ses positions. Résolu de sauver les troupes qui sont dans Almeïda, il fait parvenir à Brennier l'ordre de détruire le matériel et les fortifications. Brennier emploie deux jours à préparer son expédition. Dans la nuit du 10 au 11 mai, une explosion terrible avertit les Français que la forteresse d'Almeïda n'était plus qu'un monceau de ruines, et quelques heures après, l'armée reçut avec enthousiasme la nouvelle que Brennier et ses braves s'étaient réunis à elle. Il avait formé sa troupe en colonne épaisse, et avait traversé toute l'armée anglaise, en dispersant tout ce qui voulut s'opposer à son passage. Cette action brillante l'éleva au grade de général de division. En 1813, à Lutzen, il acquit de nouveaux titres à la gloire; et en 1814, la conservation de Lille fit honneur à sa prudence. (P. P.)

Briche (le vicomte de), lieutenant-général, commandant de la Légion-d'Honneur.

Citer les combats où le vicomte de Briche se signala, ce serait nommer presque tous les combats qui se livrèrent en Espagne. Lors de l'invasion de 1814, il défendit les défilés des Vosges.

Il entra au service en 1792, et bientôt il fut colonel du 10e. de hussards.

Général de brigade en décembre 1809; général de division en novembre 1813.

A la restauration, il fut fait chevalier de Saint-Louis, et obtint le commandement de la 9e. division militaire. En 1815, il se joignit à l'armée du duc d'Angoulême.

En 1816, S. M. l'a fait vicomte et commandeur de l'Ordre royal et militaire de Saint-Louis.

Broglie (*C. Victor,* prince de), né à Paris en 1757, mort en 1794.

Il était colonel en 1789. Député à l'Assemblée constituante, le 14 août 1791, il en fut nommé président. En 1792, il fut employé comme maréchal de camp à l'armée du Rhin, et en devint chef d'état-major-général. Les événemens d'août 1792 n'ayant pas obtenu son assentiment, il fut obligé de quitter l'armée, et se retira à Bourbonne-les-Bains. Il était noble, et dès-lors on oublia qu'il put être patriote. Traduit au tribunal révolutionnaire, il fut condamné à mort en 1794. Héritier de son nom, de son patriotisme et de ses talens, le duc de Broglie, son fils, se fait remarquer, parmi les Pairs les plus distingués, par un grand courage de caractère et des développemens de perspicacité qui n'excluent ni la haute éloquence, ni les résolutions positives. Son zèle et sa jeunesse le rendent l'espoir de ces *libéraux* éclairés, qui ne veulent tourner qu'à la prospérité commune les progrès toujours croissans de la civilisation. L'humanité se rappellera toujours avec reconnaissance la généreuse et peut-être périlleuse impartialité qu'il déploya dans le procès du maréchal Ney; et les ministres de 1816 et 1817 oublieront encore moins les piquantes escarmouches que livra aux sophismes d'une mauvaise politique sa raison aiguisée par la controverse dans les combats livrés à la liberté des personnes et à l'indépendance de la pensée. Il est plus facile à l'arbitraire d'arrêter de tels argumens à la poste, qu'il ne l'est à la logique de les réfuter; car enfin pour employer une trivialité, *souffler n'est pas jouer*. (R. DE W.)

BROUSSIER (*J. B.*), lieutenant-général, né près de Bar-le-Duc en 1766, et mort en 1814.

Il quitta le séminaire pour entrer dans un régiment, et fut fait capitaine dans un bataillon de la Meuse. Il servit aux armées du Nord, de Sambre et Meuse, d'Italie et de Naples, et devint général. En 1803, commandant d'armes de la place de Paris; 1805, général de division. Il fit la campagne de 1809 et celle de 1812. En 1813, il eut le commandement de Strasbourg et de Kehl.

C'est au prix de son sang qu'il obtint tous ses grades.

Dans le royaume de Naples, il détruisit le corps du cardinal Ruffo, soumit la Pouille insurgée, et rendit aux Fourches Caudines leur ancienne célébrité. Attaqué par 10,000 hommes, et n'ayant qu'une demi-brigade et trente-six cavaliers, il dressa une embuscade dans ces défilés si fatals aux Romains, y attira le général ennemi, et le mit dans une déroute complète. Layback, Wagram, la Moskwa, furent pour lui d'autres champs d'honneur. Dans la retraite de Russie, il contribua par des manœuvres habiles à sauver les débris de l'armée.

Ami du général Championnet, il partagea ses disgraces un moment. (P. P.)

Brueys (*Paul*, comte), contre-amiral, né à Uzès en 1760, mort dans la rade d'Aboukir le 2 août 1798.

Il entra très-jeune dans la marine royale; en 1790, il était lieutenant de vaisseau; en 1791, il se retira du service, et ne rentra en activité que sous le Directoire. Bientôt ce gouvernement le fit contre-amiral, et lui confia le soin de conduire en Egypte l'expédition destinée pour cette contrée. Il réussit au-delà de toute espérance, et se préparait à retourner en France lorsqu'il fut attaqué par Nelson dans la rade d'Aboukir. Nul n'ignore la gloire dont se couvrit la marine française en cette fatale journée, où la France perdit une de ses plus belles flottes. Brueys, blessé au bras et à la tête, commandait encore, lorsqu'un boulet vint le couper en deux sur son banc d'amiral. Noble récompense et digne mort d'un soldat français!

Bruix (*E.*), né à Saint-Domingue en 1759, mort à Paris en 1804.

Garde-marine en 1778; enseigne en 1782; commandant *du Pivert* en 1784; capitaine de vaisseau en 1792; major-général de l'escadre de Villaret en 1794; major-général de la marine et directeur du port de Brest en 1796; enfin, ministre de la marine.

Dans une multitude de combats, il soutint l'honneur du pavillon français. Son expédition la plus remarquable fut celle où il ravitailla Gênes. Bloqué dans Brest depuis long-temps, il attendait le moment de sortir. Un coup de vent écarte les vaisseaux qui formaient le blocus; Bruix saisit l'occasion, sort du port, et cinglait déjà dans la Méditerranée, que les Anglais, qui n'avaient été éloignés du port que pendant deux heures, se refusaient encore de croire à sa sortie.

Il fut nommé amiral de la flottille de Boulogne.

Il mourut épuisé par les fatigues continuelles qu'il éprouva durant vingt-six ans d'activité.

Brun (le baron), maréchal-de-camp.

Il entra au service très-jeune, et servit long-temps comme soldat. Quelques actions éclatantes le firent remarquer : ses chefs lui procurèrent un rapide avancement; en 1804, colonel; en 1807, général de brigade. A Austerlitz, il mérita l'étoile d'officier de la Légion-d'Honneur. En 1807, il fit des prodiges de valeur à Soldau et à Friedland, où il fut blessé, il cueillit de nouveaux lauriers. La guerre d'Espagne lui offrit encore plusieurs occasions de se distinguer. La journée de Lérida (1810) couronna ses exploits.

Brun de Villeret, maréchal-de-camp.

Il était capitaine lorsqu'il se fit distinguer du maréchal prince d'Eckmülh, qui le fit chef d'escadron, et se l'attacha en qualité d'aide-de-camp. A la bataille de Gébora, il se couvrit de gloire; il obtint à cette époque un régiment. En 1814, il fut fait maréchal-de-camp.

Brune (*A. M. G.*), maréchal de France, né à Brives-la-Gaillarde en 1763, mort à Avignon en 1815.

Avocat et homme de lettres avant la révolution, il quitta bientôt la plume pour saisir l'épée : son caractère, ses inclinations, ses talens, tout l'appelait à briller dans la carrière des armes.

En 1793, il entra au service; en 1797, il était général. Ce fut dans les rangs des grenadiers, qui le comparaient au brave Latour-d'Auvergne, qu'il cueillit ses premiers lauriers.

A Véronne, en 1797, il était général et combattit comme soldat: il se jeta, la baïonnette en avant, à la tête des grenadiers de la 75e. demi-brigade, sur les canons ennemis et s'empara de toute l'artillerie : il reçut sept balles dans ses habits et n'eut aucune blessure.

En 1798, il commanda une armée française

en Suisse, et occupa tout ce pays après avoir vaincu les Bernois. La France se réjouit de ses succès, et les Suisses bénirent l'humanité de leur vainqueur.

Envoyé en Italie, il s'y montra négociateur habile et pacificateur, en apaisant les soulèvemens excités par la malveillance, et en forçant la cour de Turin à respecter les troupes républicaines.

En 1799, Brune fut chargé du commandement en chef en Hollande : il eut à combattre les Anglo-Russes. Berghen, Alkmaër le virent triompher, et cette campagne le rangea au premier rang parmi les généraux français.

Au commencement de 1800, il fut appelé à purger l'Ouest des bandes de chouans qui le ravageaient, et à pacifier la Vendée : il y parut, et bientôt la paix succéda aux fureurs de la guerre civile. Sur la fin de la même année, Napoléon le choisit pour commander en Italie ; ce commandement fut pour Brune une course triomphale.

Ambassadeur extraordinaire à Constantinople en 1803.—Maréchal d'Empire en 1804. —Commandant du camp de Boulogne en 1806. —Gouverneur des villes anséatiques en 1807. Ce fut lui qui prit Stralsund.

A cette époque, Brune éprouva une disgrâce

éclatante : elle fut attribuée à l'imprudence qu'il eut de fermer les yeux sur le commerce que des Anglais faisaient dans les ports soumis à son commandement; imprudence qui rompait le système continental adopté par Napoléon.

En 1814, Brune obtint la croix de Saint-Louis, mais il ne rentra point en activité.

En 1815, Napoléon, qui s'entourait de tous les braves qui illustrèrent le nom français, le fit pair, et lui confia un commandement dans le Midi. Brune douta long-temps de sa chute; mais il se soumit dès qu'il en eut la certitude. Il allait se retirer dans la solitude, où, durant les longues années de sa disgrâce, il se consola par la culture des lettres, lorsqu'en passant par Avignon, il fut assailli par des furieux qui l'assassinèrent et jetèrent son cadavre dans le Rhône. Il périt le 2 août 1815, et ses assassins vivent encore. (P. P.)

Brunet (*J. B.*), général de division, né à Valainsol (Var).

Soldat intrépide et général inexpérimenté, Brunet eut des succès tant qu'il servit en sous-ordre. Appelé au commandement de l'armée d'Italie en 1793, il vainquit à Sardes où il ne fallait que du courage. Il échoua au camp de Fourches, à celui de Saorgio, où il aurait fallu développer les ressources d'un tacticien exercé.

Brunet, malheureux, fut bientôt soupçonné de trahir sa patrie. Destitué par la Convention, il fut arrêté dans son camp par Barras. Transféré à Paris, il fut condamné à mort par le tribunal révolutionnaire le 16 novembre 1793. (Z.)

Brunet, maréchal-de-camp, né à Reims.

Le général Brunet commença à être connu sur la fin de 1793. En 1794, il fut successivement colonel et général de brigade. Ses exploits à l'armée de Sambre-et-Meuse lui valurent ce dernier grade. Dans l'expédition de Saint-Domingue (1802), il déploya beaucoup de talent. A la tête de l'avant-garde de Rochambeau, il s'empara des forts la Liberté, l'Anse et de la Hougue. Ce fut lui qui prit Toussaint-Louverture. Rentré en France, il a fait plusieurs campagnes avec honneur.

Bruyères (*J. M.*), général de brigade, mort en 1808.

Il fit ses premières armes en Italie, où il fixa l'attention du général Leclerc, qui se l'attacha en qualité d'aide-de-camp, et l'emmena à Saint-Domingue. Revenu de cette expédition, il obtint un régiment, et dans la campagne de 1806 il fut fait général de brigade. A la bataille d'Eylau, au combat de Glottau, il se distingua de rechef; l'Empereur le nomma alors officier de la Légion-d'Honneur.

En 1808, à la prise de Madrid, il fut tué en pénétrant dans les faubourgs.

Bruyères (le comte), lieutenant-général.

Il prit de bonne heure du service dans la cavalerie, et à chaque affaire il obtint un nouveau grade. Il commanda le 23e. régiment de chasseurs à cheval, et après la bataille d'Jena il obtint le grade de général de brigade. Pour l'expédition de Russie, il fut élevé au rang de général de division.

Au combat de Znaïm il fut blessé; l'habileté et le courage qu'il y montra le mit au premier rang parmi les officiers distingués de l'armée. A Ostrowna, à la Moskwa, il fit de brillantes charges de cavalerie; enfin, à Bautzen, le 22 mai 1813, il eut une jambe emportée par le même boulet qui tua le grand-maréchal Durcc et le général Kirchner.

Buget (le baron), maréchal-de-camp, né à Bourg.

Il se destinait à l'état ecclésiastique lorsque les dangers de la patrie éveillèrent son patriotisme et son goût pour les armes. Il entra dans un bataillon de volontaires. Chef de brigade en 1793; général de brigade en 1798; commandant de la Légion-d'Honneur en 1810; chevalier de Saint-Louis en 1814.

Il se distingua au siége de Toulon, à la défense de la forteresse de Séva, et au dernier assaut qui fut donné à Lérida en 1810.

Burthe (le baron), maréchal-de-camp.

Il devint colonel du régiment où il avait été soldat. A Austerlitz, à Sarragosse, au passage de la Sègre, à Lérida, il chargea l'ennemi avec une intrépidité peu commune. En 1810, l'Empereur le nomma général de brigade, et à ce titre il continua à se distinguer en Espagne.

C.

Caffarelly du Falga (*L. M. J. M.*), général de division, né au Falga (Haute-Garonne) en 1756, mort devant Saint-Jean-d'Acre en 1799.

Se destinant à entrer dans le corps du génie, il étudia à l'école de Sorèse. Distingué par ses talens, il obtint de l'avancement. En 1792, il était employé à l'armée du Rhin lorsque les événemens du 10 août furent connus. Il osa s'élever contre les résultats de cette journée et fut destitué. Il échappa cependant, sans quitter la France, à la hache révolutionnaire; et, en 1795, il fut réintégré dans ses fonctions. Au passage du Rhin, en 1795, il se fit remarquer : dans un combat sur les bords de la Nohé, il reçut une blessure grave, qui nécessita l'amputation de la jambe gauche. Il suivit néanmoins Buonaparte en Égypte : il commandait le génie ; à toutes les batailles que l'armée livra, il donna des preuves de talent et de courage. Au siége de Saint-Jean-d'Acre, le 27 mars 1799, il fut blessé mortellement en dirigeant les travaux du siége.

Caffarelly (*A.*, comte de), lieutenant-général, né au Falga (Haute-Garonne).

Si aux talens que la nature lui a donnés, M. de Caffarelly eût joint un peu de fermeté et d'ambition, il eût été un des premiers personnages de l'Empire : tranquille, s'il a joué un rôle remarquable, il le dut peut-être moins à ses talens qu'aux circonstances.

Officier au service du roi de Sardaigne, il passa en 1793 dans les armées de la République et y fut bientôt adjudant-général. Il fit plusieurs campagnes en cette qualité, et après le 18 brumaire, le général Bonaparte le choisit pour aide-de-camp, et l'éleva bientôt au grade de général de brigade. En 1804, il eut une mission pour Rome; son objet était, dit-on, de déterminer le pape à venir couronner Napoléon. En 1805, il fut fait général de division, eut un commandement après l'affaire de Lintz, et se trouva à Austerlitz, où il se conduisit honorablement. A la paix, il suivit le vice-roi en Italie, et y devint ministre de la guerre.

Rappelé en France en 1809, il fut envoyé en

Espagne et y commanda jusqu'en 1814. Anglais et Espagnols fuirent devant lui : il gagna beaucoup de batailles et n'eut jamais de succès décisif : il fit rembarquer les Anglais; peu après, ils reparurent sur une autre côte, il fallut livrer de nouveaux combats : il battit Mina et ses armées; il les retrouvait quelques lieues plus loin prêtes à lui disputer le terrain. Plus heureux que la plupart de nos généraux dans cette déplorable guerre, il n'eut cependant pas un instant de repos. On a prétendu que le commandement qu'il eut en Espagne était un exil.

En 1814, le Roi le fit chevalier de Saint-Louis et lui confia le commandement de la 6e. division militaire. En 1815, Napoléon l'employa et lui confia la première. (P. P.)

CAMBRAY (*A. A. F.*), général de brigade.

Soldat, officier, général, toujours il montra un caractère turbulent : c'est dans la Vendée qu'il fit ses preuves et gagna ses armes. En 1797, pourvu d'un commandement dans le département de la Manche, il se livra à son caractère, et mérita sa destitution en 1798. Rentré au service et employé à l'armée de Mayence, il fit oublier ses erreurs par mille traits de bravoure. Appelé à l'armée d'Italie, il fut tué à la bataille de la Trébia le 17 juillet 1799. (Z.)

Cambronne (*P. J. E.*, baron), maréchal-de-camp, né aux environs de Nantes en décembre 1770.

L'amour de la gloire et le besoin de la liberté firent du jeune Cambronne un partisan zélé de l'indispensable révolution de 1789 : une éducation soignée lui permettait d'en sentir les bienfaits. Mais lorsque ce jour, si beau à son aurore, fut troublé par les orages de la terreur, Cambronne courut dans les camps cueillir des lauriers pour couvrir les taches dont quelques furieux souillaient sa patrie.

Ce fut d'abord contre des Français et contre l'étendard des lis qu'il tourna ses armes; mais Cambronne savait distinguer l'or pur du vil alliage : zélé républicain, il estimait, en les combattant, ces braves royalistes qui, s'ils déchiraient le sein de la patrie, ne le faisaient qu'à regret et pour une cause qu'ils pensaient légitime; mais il foudroyait ces bandes qui, l'honneur à la bouche, le carnage et la vengeance dans le cœur, combattaient pour détruire, ou pour gagner l'or de l'étranger, artisan de nos discordes.

A Quiberon, il était capitaine dans l'immortelle légion Nantaise : un grand nombre d'émigrés pris les armes à la main lui durent la vie.

Bientôt las de verser le sang français, même le moins irréprochable, c'est contre l'étranger qui nous désunit qu'il court expier ce malheur. Des succès marquent toutes ses entreprises; et, en 1800, il avait l'honneur de commander la compagnie de grenadiers, où, sous l'habit de soldat, combattait un héros, Latour-d'Auvergne. Quand la mort enleva ce brave à la victoire, à la France, à ses compagnons d'armes, ils tâchèrent de le remplacer : Cambronne en était digne; il fut proclamé le *premier grenadier de France*. Il serait trop long d'énumérer ici les combats où la victoire le couronna; ce serait présenter la liste de tous nos succès.

Parvenu au grade de général et à l'honneur de commander un régiment de ces vétérans de la gloire, de ces grenadiers de la vieille garde, dignes de se placer à côté de cette phalange de Spartiates, l'honneur de la Grèce, Cambronne ne se crut pas délié de ses sermens par la déchéance qu'avait prononcée le Sénat. Il suivit Napoléon à l'île d'Elbe, y commanda à Porto-Ferrajo, et revint en France courir de nouveaux périls, moissonner de nouveaux lauriers.

Nommé pair le 2 juin 1815, il accepta des fonctions où il pouvait coopérer au maintien de la liberté, après l'avoir conquise.

Promu au grade de lieutenant-général, il refusa ce rang, qu'il regardait comme une récompense de ce qui n'était qu'un devoir.

A Waterloo, il commandait un régiment de la vieille garde : répéterons-nous ici ce mot héroïque, LA GARDE MEURT ET NE SE REND PAS, qui se lie à son nom ?

Criblé de blessures et couvert des palmes de la victoire au sein de la défaite, on le trouva sur le champ de bataille couché parmi les morts. Rappelé à la vie par un ennemi qui avait appris à le respecter, il revint en France se constituer prisonnier, et subir le jugement prescrit par l'ordonnance du 24 juillet. Acquitté, il est allé aux lieux de sa naissance se reposer de ses travaux. (P. P.)

CAMPREDON (le baron), lieutenant-général du génie.

Des connaissances profondes dans le génie lui valurent des distinctions honorables avant la révolution : quelques actions remarquables pendant ses guerres lui procurèrent un rapide avancement. Il fut fait général de division en 1804. Il dirigea les travaux de Mantoue en 1805, et contribua efficacement à la prise de Gaëte en 1806. Il passa alors au service de Naples, où il fut un instant ministre de la guerre. En 1812, il fit la campagne de Russie. Échappé au désastre qui suivit cette expédition, et réfugié dans Dantzick, il y commanda l'arme du génie. Dans plusieurs sorties, il se distingua, et fut enfin fait prisonnier. Du fond de la Russie, il envoya son adhésion aux changemens arrivés en France en 1814. Le Roi l'a fait baron et chevalier de Saint-Louis.

Canclaux (*J. B. C.*, comte de), lieutenant-général, né à Paris en 1740.

Major de cavalerie en 1789. — Colonel en 1790.—Maréchal-de-camp en 1791.

Employé dans l'Ouest, il sut défendre Nantes avec une poignée de braves contre 80,000 Vendéens, et remporter plusieurs avantages. — Destitué comme noble en 1793, il remit à Rossignol le commandement en chef. Réintégré dans le commandement de l'armée de l'Ouest en 1794, il obtint de nouveaux succès, passa à l'armée du Midi, et fut nommé à l'ambassade de Naples. Membre du bureau militaire formé par le Directoire, Bonaparte lui confia, après le 18 brumaire, le commandement de la 14e. division militaire, et le fit inspecteur-général de cavalerie.

Sénateur en 1804.—Pair en 1814.—Pair de l'Empire en 1815. — Sorti de la Chambre des Pairs du Royaume par l'ordonnance du 24 juillet, il y est rentré en 1816 comme n'ayant pas siégé en 1815.

CARION-NISAS (le baron de).

A l'époque de la révolution, il était officier. En 1800, il fut tribun. En 1807, il fit la campagne de Prusse et de Pologne dans la compagnie des gendarmes d'ordonnance. Au combat de Zurmin, près Colberg, il montra un grand courage et eut un cheval tué sous lui. Il fut capitaine de la compagnie des gendarmes d'ordonnance. Il fut, en 1808, employé en Portugal comme adjudant-commandant. En 1809, il se distingua au siége de Sarragosse. Fait prisonnier et destitué pour un malheur qu'il partagea avec plus d'un général, il se fit soldat, et bientôt redevint officier supérieur. En 1815, Napoléon l'employa, et lors du siége de Paris, M. de Carion-Nisas défendit avec courage, talent et succès le pont de Sèvres, attaqué par les Prussiens. Il se retira avec l'armée derrière la Loire, et obtint sa retraite lors du licenciement.

Considéré comme écrivain, la carrière fournie par M. de Carion-Nisas n'est pas non plus sans honneur. Plusieurs tragédies lui ont assigné parmi les auteurs dramatiques un rang qui n'est pas le dernier; et sa plume, éminemment civique, vient de produire un projet de recrutement qui a eu l'avantage de prendre l'initiative sur un objet que l'on n'osait plus toucher depuis la réaction de 1815, et dont ont profité les législateurs qui viennent enfin de nous rendre une armée. (Z.)

CARLIER (*François*, chevalier), colonel, né à Lille en 1774.

Grenadier en 1792 et 1793, il se trouva aux affaires de Bossus, de Quiévrain, de Fontoy, de la Montagne-Verte et de Trèves. Au blocus de Maubeuge, il reçut une blessure grave. Sa bravoure le fit remarquer; et le représentant Florent-Guyot le récompensa en le faisant instructeur d'un bataillon de nouvelle levée.

Il s'empressa de justifier le choix qu'on avait fait de lui en cueillant de nouveaux lauriers à Alluin, Menin, Courtray, Malines, Breda. C'est alors qu'il fut nommé sous-lieutenant par décret spécial de la Convention (7 fructidor an 3).

Devenu capitaine, il commanda les postes de Frédewarden et de Bourhaven, à l'embouchure du Weser. Attaqué par deux vaisseaux en 1808, il repoussa cette tentative, et mérita d'être cité à l'ordre de l'armée : sa compagnie reçut en gratification un petit bâtiment tout équipé.

A Stralsund, il monta à l'assaut l'un des premiers, et désarma trois cents hussards prussiens. Aide-de-camp du général Putod et chef de bataillon, il fit honorablement les campagnes de 1813 et 1814.

Renfermé dans Hambourg pendant le siége, il fut président du directoire des hôpitaux. Son zèle, son dévouement, son intégrité, lui méritèrent la croix de Saint-Louis; il était déjà membre de la Légion-d'Honneur. Lieutenant-colonel en 1815, il commanda un régiment de volontaires royaux. En 1816, il organisa la légion du Nord. En 1817, S. M. lui a confié le commandement d'un bataillon de la Légion de l'Ardèche. Quatre de ses frères sont morts en servant l'Etat. (P. P.)

Carnot (*Lazare-Nicolas*), officier-général.

Ce nom est historique : c'est donc à l'histoire qu'il appartient d'envisager, sous toutes ses faces, l'homme qui le porte; mais l'homme et le nom, en ralliant un parti qu'ils ont plus d'une fois désavoué, ont plus souvent encore irrité le parti contraire; et l'ardeur des factions, quoique sourde, est toujours trop flagrante pour qu'elles puissent, pour qu'elles veuillent entendre toute la vérité. Nous n'en dirons donc qu'une partie sur le général Carnot.

Par ses ouvrages de mathématiques, il a reculé les bornes de cette belle science; par ses hautes théories militaires, il a étendu celles de la stratégie et de la tactique; c'est à la noble combinaison de son patriotisme et de son génie que la France a dû ses premiers succès et peut-être ses plus glorieux triomphes.

Républicain, il a vécu dans la France corrompue et bouleversée, comme il eût vécu parmi les rigides Spartiates, parmi les Romains vertueux. Ignorant des abus d'une civilisation trop avancée, il n'eût voulu ni impôts excessifs, ni priviléges ridicules, ni institutions gothiques, ni déterminations arbitraires. L'homme qui portait une couronne lui parut coupable, parce qu'il l'avait apportée en naissant; l'homme qui enleva cette couronne par quelques coups d'épée lui sembla plus criminel encore. Et lorsque depuis il se rangea sous l'étendard d'un usurpateur, c'est que, déçu par un espoir et des illusions patriotiques, il crut reconnaître, dans cet étendard, celui de la liberté.

Tour à tour ou successivement, officier de génie, membre du Gouvernement, général, représentant, ministre, il défendit la patrie, et la sauva plus d'une fois. Il a mérité l'honneur d'être haï par toutes les factions, et n'a reçu aucun opprobre de son exclusion de l'Institut. Une ordonnance royale l'a même banni de France; mais les alliés, en l'accueillant, l'ont récompensé du courage qu'il avait déployé contre eux, en gagnant sur eux la première bataille de Maubeuge, et en défendant Anvers contre l'élite de leurs forces réunies. Anvers reconnaissante a élevé un monument à son sauveur.

Le célèbre auteur du *Traité sur la Défense des Places* est aussi celui d'une foule de couplets anacréontiques, dont la délicatesse et la piquante naïveté rappellent souvent le chantre de Théos et l'amant de Délie. Il n'y a guère qu'un français qui sache orner ainsi des fleurs du Parnasse le compas d'Euclide; et Saint-Aulaire, Bertin, Parny, furent géomètres, poëtes et français. (R. DE W.)

CARNOT DE FEULINS, maréchal-de-camp, etc., frère du précédent.

Capitaine à l'époque de la Révolution. — Membre du conseil-général du Pas-de-Calais. — Député à l'Assemblée législative, où il fit les rapports du comité militaire.

Employé dans son arme aux différentes armées françaises, il se distingua à la bataille de Watignies et au siége de Valenciennes. Depuis, il a parcouru avec distinction la double carrière de l'administration et des armes, et l'a honorée par un civisme raisonné, par une probité inaltérable et par une fermeté de caractère digne de son nom. Après la désastreuse catastrophe de Waterloo, il fut chargé du portefeuille de l'intérieur, sans cesser d'être membre de la Chambre des Représentans, où il se rangea toujours du côté des principes. Le Roi vient de le confirmer dans le grade supérieur qu'il occupe dans l'arme du génie.

— M. Carnot, frère des précédens, remplit avec honneur une place de conseiller à la Cour de Cassation, et a justifié par un bon ouvrage sur la *Procédure criminelle,* la reconnaissance du peuple, l'estime de ses collègues et le choix de Sa Majesté. (Z.)

Carra-Saint-Cyr (le comte), lieutenant-général.

Officier en 1791 ; général de brigade en 1794; général de division en 1799.

Employé à l'armée du Rhin, Pichegru et Moreau en parlèrent toujours avec éloge.

Il prit Deux-Ponts, que le général Clairfait venait d'occuper, et se distingua à Ettinghen.

En 1800, il battit les Autrichiens sur les bords de la Magra.

A Marengo, à la tête de sa division, il exécuta une manœuvre décisive avec beaucoup de précision.

En 1801, à Fribourg, à Hohenlinden, il mérita d'être honorablement cité.

A Eylau, de nouveaux exploits lui valurent des distinctions honorables.

Dans la campagne de 1809, il commanda le 8e. corps de la Grande-Armée; et envoyé dans les provinces illyriennes, il y resta jusqu'en 1813 qu'il fut revêtu du commandement des villes anséatiques. S'étant laissé battre sur le Bas-Elbe, Napoléon blâma le général Carra avec une amertume flétrissante. A une époque où la fortune semblait l'abandonner, il eût dû être plus indulgent. Le général Carra fut envoyé à l'intérieur, et servit sur la frontière du Nord jusqu'au 31 mars 1814. (Z.)

Cartaux, général de division, né à Allevent (Haute-Saône) en 1751.

Fils de soldat et soldat lui-même, il se battit bien, et avança vite dans les premières guerres de la révolution. En 1793, il battit les Marseillais qui avaient levé l'étendard de la révolte contre la Convention. A l'armée des Alpes, il remplaça un moment le général Brunet, et il remporta un léger avantage à Olioulles, et sur les Anglais auprès de Toulon. Rappelé et incarcéré en 1794, il sortit des prisons pour aller commander en Normandie, et fut destitué en 1795. Au 13 vendémiaire, il rentra au service, et son zèle dans cette journée le fit réintégrer dans son grade. Après le 18 brumaire, il devint administrateur de la loterie, et en 1804, administrateur de Lucques et Piombino. Il est mort il y a quelques années.

CASA-BIANCA (*Louis*), capitaine de vaisseau.

Entré fort jeune dans la marine, il montra du talent, et se fit une grande réputation par son courage et sa hardiesse. En 1792, il fut porté à la Convention par la Corse. En 1798, il rentra au service, et fit partie de l'expédition d'Egypte. Au combat naval d'Aboukir, capitaine du vaisseau amiral *l'Orient*, après avoir montré l'intrépidité d'un héros, il fut tué à côté de l'amiral Bruix. Son fils, enfant de dix ans, périt en voulant sauver les restes d'un père chéri. Cette action héroïque est consacrée dans le 4e. vol. du *Manuel des Braves*, page 186.

CASA-BIANCA (*R.*, comte de), lieutenant-général, né en 1738.

Né en Corse, il entra dans un régiment de cette île comme officier, et il en devint colonel. En 1792, il se fit remarquer à l'armée du Nord et à celle d'Italie par plusieurs actions d'éclat; elles lui valurent le généralat. En 1794, il fut chargé de défendre l'île de Corse, menacée par les Anglais. Rappelé à l'armée des Alpes, il servit sous le général Kellermann, et ensuite

sous Bonaparte dans les campagnes d'Italie. En 1800, il fut fait sénateur, et quitta la carrière des armes. En 1814, fait Pair par le Roi; il le fut également par Napoléon. Le 8 août 1815 l'a privé de sa double pairie.

CASTAIGNER, adjudant-général.

Il s'enrôla vers 1791. Devenu officier, il fut un des défenseurs de Dunkerque en 1793. Il y établit des batteries flottantes, à l'aide desquelles il fit beaucoup de mal aux Anglais. Destiné à combattre les enfans d'Albion, on le vit encore, en 1797, diriger une descente sur leurs côtes : il échoua dans cette entreprise, et fut fait prisonnier. Echangé en 1806, il se distingua à Eylau, et trouva une mort glorieuse en Espagne dans le courant de 1808.

CASTEX (le baron), lieutenant-général.

Il était major du 7e. régiment de chasseurs à cheval, lorsqu'à Jena il donna la preuve qu'il pouvait justement aspirer à un grade plus élevé. Napoléon le fit colonel. De nouvelles preuves de talent et de courage le firent nommer général; c'est en cette qualité qu'il partit pour la malheureuse campagne de 1812. Il se distingua à Deltowo et à Polotz; échappa aux désastres qui suivirent nos triomphes; et à la bataille de Dresde, il inscrivit son nom parmi ceux des braves de cette journée. Après l'affaire de Leipsick, il fit sa retraite pour couvrir le Brabant hollandais. Pressé par l'ennemi, après quelques succès, il se retira sous le canon d'Anvers, et bientôt fut forcé de se renfermer dans la ville où commandait Carnot. Il fut fait général de division le 28 novembre 1813.

Caulincourt (*A. J. G.*, comte de), général de division, mort le 7 septembre 1812.

Fils du marquis de Caulincourt, général de division, frère de M. de Caulincourt, duc de Vicence, aussi général, Auguste Caulincourt embrassa la carrière des armes que son talent et sa bravoure lui firent parcourir avec gloire.

Parvenu au grade de colonel, à la tête du 9e. de dragons, il se signala à Austerlitz. Devenu général, il passa au service de Louis, roi de Hollande, et fut général-major des troupes hollandaises. Rappelé au service de France, il alla en Espagne cueillir de nouveaux lauriers. Au passage de l'Èbre sous Talavera, le 8 août 1809, il montra du talent et du courage. Il fut immédiatement après nommé général de division. Appelé à faire partie de l'armée destinée à pénétrer en Russie, il y trouva la mort et des lauriers. A la bataille de la Moskwa, des masses énormes d'infanterie défendaient une redoute importante. Le 5e. régiment de cuirassiers est désigné pour l'attaque. Auguste Caulincourt est à leur tête ; bientôt les masses sont rompues, bientôt la redoute est emportée : déjà les cris de victoire se font entendre ; mais un boulet emporte Caulincourt, et les sanglots succèdent aux chants glorieux.

Il avait été grand-écuyer du roi de Hollande, et son ambassadeur à Naples. Il était gouverneur des pages de l'empereur. (Z.)

Cavaignac (le chevalier), lieutenant-général.

Entré fort jeune au service, on le vit avancer rapidement : c'était le prix du talent et de la valeur. Colonel en 1805 ; général en 1806 ; au service de Naples de 1806 à 1812 ; lieutenant-général en 1814 ; inspecteur de cavalerie sur la fin de 1815.

A Austerlitz, il fit de belles charges de cavalerie. A Naples, il battit les Anglais et les insurgés de la Calabre en 1809 et 1810. A Dantzick, où il fut fait prisonnier en 1814, il commandait un corps de cavalerie. Dans plusieurs sorties, il donna les preuves d'une valeur brillante.

Cervoni, général de division, né en Corse en 1768, mort à Eckmülh en 1807.

Il s'enrôla dans un régiment piémontais. Long-temps soldat, il devint lentement officier, et l'était à l'époque de la révolution. Lors de l'invasion du comté de Nice, il quitta le service de Sardaigne, et passa dans les rangs de l'armée républicaine dont il partageait les principes. Il devint général de brigade, servit au siége de Toulon, passa en Italie, y fit plusieurs campagnes, fut un des héros de Lodi, obtint le commandement de Mantoue, et fut appelé au commandement de la 8e. division militaire en 1799.

Il fit les campagnes d'Allemagne, et était chef d'état-major du corps d'armée du maréchal Lannes, lorsqu'à la bataille d'Eckmülh il reçut, avec le coup mortel, le sceau de la gloire. Le chef de l'armée et de l'Etat qui estimait ses talens et connaissait ses exploits, décréta que sa statue décorerait le pont Louis XVI. La guerre dévora les fonds destinés à élever ce monument et plusieurs autres que la patrie doit à ceux de ses enfans qui reçurent la mort en combattant pour elle; mais sa reconnaissance a placé dans tous les cœurs un monument que le temps et les révolutions n'effaceront jamais, (P. P.)

CHABERT (*Théodore*), lieutenant-général.

Beaucoup de courage, quelques talens, le tirèrent de la foule. Il fut fait chef de brigade à l'armée du Nord, commanda à Liége en 1795, et servit pendant l'année 1797 à l'armée de Sambre-et-Meuse. Porté par le département des Bouches-du-Rhône au conseil des Cinq-Cents en 1798, il ne rentra dans la carrière militaire qu'en 1800. Il fut employé, mais n'eut pas l'occasion de se signaler. En 1814, le Roi lui confia le commandement du département de la Haute-Marne; et en 1815, ayant été nommé par Napoléon, général de division, on pensa qu'il avait favorisé la marche de cet ex-monarque, devenu usurpateur, ou du moins qu'il n'avait rien fait pour l'entraver.

CHABOT (*L. F. J.*), lieutenant-général, né en 1757.

Entré au service comme soldat, il n'était que sous-officier lorsque la révolution éclata. La guerre lui permit alors de montrer son courage, et bientôt il y ajouta la preuve de ses talens. La frontière du Nord et la Vendée le virent sergent, capitaine, colonel. L'Italie le vit général; il commandait une des divisions de l'armée du blocus de Mantoue, et ce fut lui qui signa la capitulation accordée à la garnison.

En 1800, envoyé une seconde fois en Vendée, il y battit le comte de Bourmont.

Aux combats de Villa-Franca et du Lobréga, il fut cité honorablement.

En 1812, il obtint un commandement à l'intérieur; en 1814, le Roi le fit chevalier de Saint-Louis, et lui confia le commandement de la 15e. division militaire.

Chabran (*J.*), lieutenant-général, né à Cavaillon (Vaucluse) en 1763.

Du séminaire, il passa dans les camps. Volontaire dans le 5e. bataillon des Bouches-du-Rhône, il y devint bientôt capitaine. Il montra de la bravoure; il devint colonel; on lui reconnut des talens, on le fit général. En 1799, il était général de division. Il fit toutes les campagnes d'Italie : Lodi, la Corona, Roveredo, Rivoli, Véronne, furent les champs où il moissonna ses lauriers. Lors du passage du Saint-Bernard, c'est lui qui s'empara du fort de Bard; et tandis qu'on se battait à Marengo, il opérait une puissante diversion. Il obtint successivement le commandement du Piémont et des îles Marcouf. En Espagne, il prit Tarragone, et soumit la Catalogne. En 1810, il obtint sa retraite : on prétend que ses opinions en firent une disgrace.

Chalbos (*F.*), général de division, né à Cubières (Lozère), mort en 1803.

Doué de beaucoup de courage et d'un talent médiocre, il dut à ses opinions prononcées de parvenir au commandement en chef des armées de l'Ouest. Il éprouva la défaite de la Châtaigneraye, et la répara à Fontenay. Le commandement en chef lui ayant été ôté pour le donner aux Ronsin, aux Rossignol, il servit sous eux, et fut témoin de nos désastres sans pouvoir les réparer. Il mourut en 1803, commandant de Mayence.

CHAMBARLHAC (*J. J. F.*), baron de l'Aubépain, lieutenant-général, né aux Etables (Haute-Loire) en 1754.

En 1769, il entra dans la carrière des armes. Il fut fait sous-lieutenant, et n'avait que 15 ans.

En 1792, après vingt-trois ans de service, il n'était que chef de bataillon; mais quelques années encore, et on le vit général. Ce fut sur le champ de bataille d'Arcole, où il fut grièvement blessé, qu'il obtint ce grade. Son bouillant courage s'était déjà montré en 1793, lors des attaques des montagnes du Piémont. A la tête d'un petit nombre de grenadiers, il s'empara de vive force des retranchemens du mont Carmel, où il prit mille Piémontais. Pendant la paix, durant la guerre, on le vit toujours aux postes importans. Sa valeur et ses talens le distinguèrent parmi les braves.

Mortagne en Vendée, Castiglione, Marengo en Italie, le virent combattre et vaincre. En 1802, il fut fait général de division.

Il commanda successivement Tortone, Mayence, le département de la Loire, la 15e. division militaire. En 1809, il commandait à Bruxelles lorsque les Anglais descendirent dans la Séelande; il hâta leur rembarquement, et retourna à Bruxelles, qu'il défendit de son mieux en 1814.

(Z.)

CHAMBURE (*Auguste* Lepelletier de), officier d'état-major, commandant *la Compagnie franche* au siége de Dantzick.

Cette compagnie, que l'ennemi appelait *infernale*, et son chef, qu'il nommait *un diable*, méritent une mention toute particulière, et bien caractéristique de l'un et de l'autre.

Les assiégeans venaient d'incendier Dantzick, et après avoir enlevé la redoute de Frioul, ils y appuyaient leur troisième parallèle. Au milieu de cet incendie et de la plus vive fusillade, Chambure obtient du général Rapp la permission d'attaquer la redoute avec ses braves : l'attaquer pour eux, c'était la reprendre. Elle retomba entre leurs mains, qui soudain effacèrent jusqu'aux dernières traces de la tranchée. Ces héros ne voulurent d'autre récompense que l'honneur de décorer leur invincible compagnie du nom de leur capitaine invincible. Ils étaient dignes de ce nom, je crois, celui qui écrivit le billet suivant, et ceux qui en justifièrent le style tout lacédémonien.

L'ennemi bombardait la caserne de la Compagnie franche : une bombe tombe dans la chambre où dormait le capitaine et le réveille.

Il se lève, et écrit en ces termes au prince de Wurtemberg, commandant l'armée de siége : « Vos bombes ont troublé mon sommeil ; j'ai » résolu de faire une sortie avec mes braves » pour enclouer les canons qui les ont lancées. » L'expérience vous prouvera, prince, qu'il ne » faut pas réveiller le lion qui dort. »

Il fait lever ses soldats, leur lit cette lettre, en ajoutant qu'il faut, à l'instant même, qu'elle soit déposée dans un des mortiers qui lancent les bombes. Tous les soldats frémissent d'indignation et d'espérance : munis d'échelles d'escalade, ils se font ouvrir les portes de la place, et se dirigent en silence vers les tranchées de l'ennemi. Celui-ci surpris, s'oppose vainement à leur entrée dans la batterie, et malgré une résistance vigoureuse et la perte de quatre-vingts hommes, il voit enclouer les pièces. Chambure place lui-même, au fond d'un mortier, sa réponse au prince de Wurtemberg, qui la renvoya le lendemain au général Rapp.

(R. de W.)

Championnet (*J. E.*), général de division, né à Valence en 1762, mort en 1799.

Dans son enfance, impérieux, volontaire et mutin ; dans sa jeunesse, indépendant et téméraire, la nature semblait l'avoir formé pour prospérer dans des temps de troubles ; la fougue de ses passions suscita à sa jeunesse de nombreux et dangereux orages, elle le força de quitter sa patrie. La France n'offrait pas encore un champ vaste à l'ambition des esprits aventureux. Championnet voyagea; mais bientôt, forcé d'assurer son existence, il ne crut pas mieux faire que d'être soldat : il entra dans les gardes wallonnes. Envoyé avec son corps devant Gibraltar, ce siége lui révéla son talent; Polybe, Plutarque, Folard, devinrent l'objet de ses études et de ses méditations. La révolution ayant éclaté, elle lui permit bientôt de mettre en pratique ce dont il n'avait jusqu'alors étudié que la théorie.

Appelé à commander un bataillon des volontaires de l'Isère, on le vit en peu de temps colonel, chef de brigade, général de division.

Il fut d'abord employé à l'armée de la Moselle. En 1794, dans la guerre du Palatinat, il jeta la base de sa grande réputation : bientôt Fleurus, où il commandait une division, Dusseldorff, Altenkirchen, le passage du Rhin, la prise de Wurtzbourg, vinrent l'étendre; enfin la conquête de Naples, qu'il fit de concert avec Macdonald, et comme général en chef en 1798, fit de cette réputation un monument durable. Sa conduite à Naples, lors de l'organisation de la république napolitaine, déplut au Directoire :

il fut destitué et mis en jugement. Un de ces changemens si fréquens alors sous ce gouvernement éphémère, le ramenèrent à la tête de nos légions. Il alla commander dans les Alpes, et battit les Autrichiens à Fenestrelle. Ayant réuni le commandement de l'armée de Moreau à celui qu'il avait déjà, il obtint encore de nouveaux succès. Après le 18 brumaire, qu'il n'approuva pas, il fut obligé de donner sa démission. Il mourut en décembre 1799. Ses derniers mots furent : « Si du moins j'étais frappé sur un champ de bataille ! » (P. P.)

Chancel (*J. N.*), général de brigade.

Soldat sous la monarchie, la révolution paya son courage par des honneurs et sa fidélité par la mort. Dumouriez, son chef et son ami, lui avait confié le commandement de Condé, dans l'espérance qu'il servirait ses desseins. Chancel fut fidèle à sa patrie; et quand les Autrichiens se présentèrent, ce fut par des boulets qu'il répondit à leurs sommations. Il fut forcé de rendre la place, mais ce fut après une honorable résistance de deux mois. Il fut prisonnier.

Rentré en France par un échange, on l'envoya commander à Maubeuge.

Destitué par les représentans et envoyé devant le tribunal révolutionnaire, il fut condamné à mort, et exécuté le 3 mars 1794.

CHARPENTIER, lieutenant-général.

Il est du nombre de nos généraux qui, sortis des derniers rangs de l'armée, ne durent leur avancement qu'à leur épée. Son illustration date des premières guerres de la révolution, durant lesquelles une multitude de hauts faits le firent remarquer. Il était général de division lors de la campagne de Marengo. De cette époque à 1813, il servit toujours en Italie. Appelé à faire partie de l'armée de Silésie, les combats de Cappellemberg et de Bischoffwerda lui firent beaucoup d'honneur. A la défense du Bober, il développa les talens d'un bon général; et à Wachau, où il décida le succès en enlevant une redoute hérissée de canons, il montra le courage d'un soldat. Hanau en Allemagne, Fontainebleau et Clacy en France, furent témoins de ses derniers exploits.

CHARTON, général de brigade, né à Bourcq (Meurthe), mort en Italie.

Diverses actions remarquables l'avaient déjà porté au généralat de brigade, lorsque sa belle conduite à Castellaro (29 septembre 1796) lui permettait d'entrevoir encore de plus grands honneurs; malheureusement, en poursuivant l'arrière-garde ennemie, il trouva la mort au sein de la victoire.

5*

Chartrand, maréchal-de-camp, né à Carcassonne en 1779, mort à Lille en 1816.

A quatorze ans, il entra au service. Peu de talent et beaucoup de jeunesse firent qu'il resta long-temps inconnu dans la foule : une conduite sage, une discipline sévère, le portèrent aux grades des sous-officiers; enfin une belle action durant la première guerre en Pologne lui valut les épaulettes. On le vit alors arriver aux grades supérieurs, et il était général de brigade lorsqu'il fut fait prisonnier en 1813. Il jouissait déjà de sa retraite, lorsqu'en 1815 Napoléon reparut sur le sol français. Il paraît que Chartrand ne put résister au sentiment qui porta des milliers de braves sur les pas de celui qui leur avait fait conquérir l'Europe. Chartrand non-seulement céda à ce sentiment, mais il chercha à le communiquer : il le paya cher. Echappé aux dangers de Waterloo, il ne put échapper au jugement d'une commission militaire. Condamné à mort le 9 mai 1816, il subit son jugement avec beaucoup de fermeté, le 16 du même mois, sur les glacis de la citadelle de Lille. (Z.)

Chasseloup de Laubat (*F.*, comte de), lieutenant-général, né en 1754.

Officier de génie du premier mérite. Il a fait presque toutes les campagnes depuis vingt-cinq ans. Il rendit de grands services à l'armée, soit en détruisant les moyens de défense de l'ennemi, soit en fortifiant les postes confiés au courage de nos braves. Au passage de l'Adige en 1805, par un moyen ingénieux, il sut faire sauter les retranchemens autrichiens, leurs redoutes et leurs batteries. La belle tête du pont de Warsovie sur le Bug fut son ouvrage. Dantzick vit ses moyens de défense diminués par les moyens d'attaque qu'il procura aux assiégeans. Enfin la brillante expédition et la désastreuse retraite de 1812 développèrent encore son talent et montrèrent son zèle. Il fut sénateur et conseiller d'Etat : on le compte aujourd'hui au nombre des pairs de France.

CHATEAU, général de brigade.

Entré au service en qualité de sous-lieutenant, il devint rapidement chef de bataillon; le maréchal Victor le fit son premier aide-de-camp. — Colonel en 1809. — Général de brigade en 1812.

L'Espagne, l'Allemagne et la Russie le virent combattre en brave.

A Cuença (Espagne, 10 janv. 1809), il fut cité honorablement. A Brienne, en 1814, il fut un des premiers qui pénétrèrent dans le château. A Montereau, on le vit franchir le pont à la tête d'un bataillon de chasseurs, et sous la mitraille de l'ennemi, avec une rare intrépidité. Il tomba blessé mortellement, au moment où l'ennemi était obligé de fuir. Il emporta les regrets de l'armée.

CHAUVEL (le baron).

Officier d'infanterie en 1792. — Major en 1804. — Colonel du 64e. de ligne en 1805 pour sa belle conduite à Austerlitz. — Général de brigade en 1810. Il fit toute la guerre d'Espagne. Le passage du Tage près Talavera, Occana, Benvenuda, sont les combats où il acquit de la gloire.

Un coup-d'œil juste, une exécution rapide, un sang froid imperturbable, qui pourtant n'exclut pas une valeur bouillante, sont ses qualités distinctives.

CHEMINEAU (le baron), lieutenant-général.

Son goût le fit soldat; son courage, ses talens, le portèrent au généralat. Major en 1805. — Colonel en 1807. — Général de brigade en 1808. — Général de division en 1813.

Au combat de Weisselmunde (siége de Dantzick), il obtint un régiment.

Au pont de Carion, où il battit les Anglais, il contribua à la prise de Palentia.

Au combat de Weissenfels (27 avril 1813), il fut cité honorablement.

A Lutzen, il donna encore une nouvelle preuve de valeur; blessé grièvement, il subit une amputation douloureuse, et cessa de servir à cette époque.

CHERIN (*L. N. H.*), né à Paris, mort en Suisse en 1799.

Fils du célèbre généalogiste de ce nom, il fut destiné à suivre une carrière où son nom était illustre. Déjà il était commissaire généalogiste des ordres du Roi, lorsque la révolution vint le lancer sur une nouvelle route. Une âme ardente, un patriotisme exalté, le poussèrent dans les rangs; il y montra beaucoup de courage et quelques talens. — Adjudant-général en 1793. — Général de brigade en 1794. — Général de division en 1797.

Nous venons de dire qu'il avait une âme ardente et un patriotisme exalté; nous devons ajouter que ces qualités ne le portèrent jamais à aucun des excès qui signalèrent tant de gens vertueux et honnêtes, durant nos troubles politiques; ami sûr, ennemi généreux, chef sévère, mais juste, jamais un reproche ne vint troubler son âme; la calomnie le força un moment, non de se justifier, mais de la repousser devant la Convention.

Il servit à l'armée du Nord; et lors de la défection de Dumouriez, ce fut lui qui fit tirer le bataillon de Seine-et-Oise sur ce traître, et qui le força à fuir lorsqu'il cherchait à entraîner l'armée dans son parti. Employé sous le général Hoche, son ami, en Vendée et en Irlande, il fut rappelé pour commander la garde du Directoire à l'époque du 18 fructidor. En 1799, il était chef de l'état-major général de l'armée du Danube : blessé grièvement dans un combat livré sur les frontières de Suisse, il mourut généralement regretté le 14 juin de cette année. (Z.)

CHOUARD (le baron), maréchal-de-camp.

Il entra au service en 1790. Il resta assez long-temps dans les grades inférieurs, et ne fut chef d'escadron qu'en 1804. A la bataille d'Austerlitz, il mérita, par une belle charge qu'il fit à la tête d'un escadron de carabiniers, de commander le 2e. régiment de cuirassiers. Ce fut comme colonel de ce corps qu'il fit, en 1806 et 1807, les campagnes de Prusse et de Pologne. Général de brigade en 1811, il entra l'année suivante en Russie à la tête des carabiniers, et à la bataille de la Moskwa on le vit montrer un grand sang froid et une rare intrépidité.

En 1813, il donna de nouvelles preuves de courage, et en 1814 ce fut lui qui défendit la ville de Langres. Il a obtenu le grade de major des dragons de la garde depuis la nouvelle organisation, et il a été fait chevalier de Saint-Louis.

CHRISTIANI, maréchal-de-camp.

Long-temps il servit avec distinction ; ce ne

fut cependant qu'en août 1813 qu'il fut fait général de brigade. En France, à une affaire qui se livra sur les bords de la Thérouane, il justifia son élévation, et fut cité avec éloge. A Waterloo, il commandait le 2e. régiment des grenadiers de la garde : celui qui fut choisi pour commander tant de héros n'a plus besoin d'éloges.

CHRISTIANI DE RAVARAN (Beltrame, comte de).

Entré fort jeune au service. Une multitude de belles actions l'avaient placé parmi les braves, lorsqu'après la bataille de Marengo il crut avoir assez fait pour la gloire. Il songea à la fortune, et entra dans la carrière administrative. Trois de ses fils ont servi avec distinction, et sont officiers de cavalerie.

CLAPARÈDE (le comte), lieutenant-général, né à Gignac (Hérault).

Ce fut sur le champ de bataille que ce général gagna tous ses grades. Entré au service au commencement de la révolution, on le vit servir successivement dans l'armée du Nord, à Saint-Domingue, en Allemagne, en Pologne, en Espagne, en Portugal, en Russie. Son nom est attaché à toutes nos grandes journées. Ce fut en 1806 qu'il parvint au rang de général de brigade.

Dans la campagne de 1809, au combat

d'Ebersberg; il soutint, pendant trois heures, avec 7,000 hommes et quatre canons, les attaques de 30,000 Autrichiens commandés par le général Hiller. Il repoussa trois attaques à la baïonnette. Cette résistance fut appréciée de l'armée et de son chef. Des récompenses et des éloges lui témoignèrent la gratitude de l'un et de l'autre.

En Portugal, au passage du Duero, avec des forces inférieures, il battit le général Silviera.

Au passage de la Bérézina, il reçut une blessure honorable. En 1813, on le vit encore, à la tête d'une division, se signaler au combat de Guebuzel.

En 1815, après avoir été décoré de la croix de Saint-Louis, il obtint le commandement de Paris, le gouvernement du château royal de Strasbourg, et l'inspection générale de l'infanterie de la 1re. division militaire. (Z.)

Clarke (*H. J. G.*, comte d'Hunebourg, duc de Feltre), maréchal de France, né à Landrecies en 1765, d'une famille originaire d'Irlande.

Capitaine de dragons en 1791, lieutenant-colonel en 1792, il était général de brigade à l'armée du Rhin en 1793.

Destitué comme noble, il parvint cependant à rentrer en fonction. Il fut chef du bureau topographique en 1794, général de division en

1795, et dut à Carnot différentes missions honorables qu'il remplit jusqu'au 18 fructidor. De cette époque à 1804, il n'obtint que l'ambassade d'Etrurie, espèce d'exil. Mais bientôt conseiller d'Etat, on le vit revêtu du commandement général de l'Autriche en 1805, de celui de Berlin en 1806, et enfin Ministre de la guerre. Il occupa ce ministère jusqu'à la chute de l'Empire. Il y développa beaucoup de talens, et on le vit en plusieurs occasions recréer des armées avec une activité et un zèle recommandables. Le Roi lui confia, à l'époque du débarquement de Napoléon, ce même portefeuille dont il avait été chargé au contentement général pendant sept ans. Ayant suivi S. M. à Gand, il fut remplacé par M. le comte de Gouvion-Saint-Cyr, et deux mois après reprit encore ce portefeuille. S. M. le créa pair en 1816, et maréchal de France en 1817.

Dans ce dernier ministère, M. le duc de Feltre fut loin de remplir l'attente publique. Outre un excès énorme dans l'emploi de son budjet, dont il est loin d'avoir rendu un compte satisfaisant, on lui reproche d'avoir classé l'armée en quatorze cathégories qui, sous prétexte d'épuration, pouvaient soumettre des milliers d'innocens à la proscription. Faut-il donc accuser M. de Feltre d'improbité et de perfidie?

nullement; il est seulement la preuve vivante que, même dans un homme d'un mérite supérieur, l'esprit de parti tourne au préjudice de sa patrie, à l'oubli de ses devoirs et à sa confusion, les qualités les plus heureuses, les vertus même les plus recommandables. Le maréchal marquis Gouvion-Saint-Cyr, rappelé au Ministère de la guerre, y a remplacé le duc de Feltre; et ce que ce Ministre avait oublié, ou ce dont il n'avait pu se ressouvenir, le premier acte du nouveau Ministère a été de demander au Roi et aux Chambres une armée *nationale*. La France l'a obtenue, non tout-à-fait telle que l'aurait voulue les amis de nos libertés, mais suffisante pour défendre, avec ces libertés, notre dignité et notre indépendance. (R. DE W.)

CLAUSEL (le comte), lieutenant-général.

Il commença à être connu en 1794 et 1795, où il remplit les fonctions d'aide-de-camp du général Pérignon. Devenu général de brigade en 1799, il fit la campagne d'Italie. Ayant suivi le général Leclerc à Saint-Domingue, où il rendit des services importans, il rentra en France en 1803, et fut, en 1805, employé à l'armée du Nord comme général de division. La campagne de 1809 lui fournit plus d'une fois l'occasion de se signaler; mais ce fut en

Espagne qu'il montra qu'il était digne de commander en chef.

Durant 1810 et 1811, il battit les Espagnols partout où il les trouva, leur prit toutes les villes et tous les forts qu'il fut de son intérêt d'attaquer. Lors de la retraite de l'armée de Portugal, à l'affaire de Duero il se conduisit si vigoureusement, que le général en chef Marmont, forcé de remettre le commandement par les suites d'une blessure grave, le choisit pour le remplacer : il remplit l'attente de l'armée; par plusieurs combats, il apprit aux Anglais que le Français n'est pas moins à craindre dans la retraite que dans l'attaque.

En 1813 et 1814, il ne démentit pas la haute idée qu'on avait de ses talens. Le Roi le fit chevalier de Saint-Louis, et le nomma inspecteur-général d'infanterie.

En 1815, le général Clausel fut chargé par Napoléon de soumettre Bordeaux à sa nouvelle autorité : il remplit cette mission avec succès, et refusa long-temps, lors de la rentrée du Roi, de faire sa soumission. Porté sur l'ordonnance du 24 juillet, il est maintenant aux États-Unis, et adjoint au maire de *Proscripolis*, ville que les Français bâtissaient en 1817. (P. P.)

COCHORN, adjudant-général.

Entré fort jeune au service, il promettait à

l'armée un brave général, lorsqu'il périt victime de son zèle pour le maintien de la discipline.

Étant à l'armée de Sambre-et-Meuse, il trouve un corps de chasseurs à cheval pillant un village sur un territoire neutre : Cochorn veut le rappeler à l'ordre, on est sourd à sa voix; il menace de brûler la cervelle à quiconque osera continuer à lui désobéir : ses menaces sont vaines : il fait feu sur les mutins et en étend deux à ses pieds. La discipline alors reprit son autorité. Quelques jours après, passant devant le même corps, il entend répéter ces mots : *C'est lui !* Il s'avance et leur dit : « Oui c'est moi qui ai fait mon devoir; je suis prêt encore à punir quiconque déshonorera le nom français. » A peine eut-il prononcé ces mots, qu'il tomba sous les coups d'infâmes assassins : ce fut en octobre 1796.

Hâtons-nous d'ajouter que l'armée demanda la punition de ceux qui la déshonoraient, et que de tels attentats sont rares dans nos annales. (Z.)

Cohorn, général de brigade.

La bataille de Friedland fut son jour de gloire : il y fut blessé. A Ébersberg, il partagea l'honneur dont notre brave armée se couvrit;

il y eut un cheval tué sous lui. Il continue à servir avec distinction.

COLAUD (le comte), lieutenant-général, né à Bastia en Corse en 1754.

Il entra au service comme simple dragon, et à l'époque de la révolution, il était lieutenant de cavalerie. Bientôt son courage, ses talens l'élevèrent aux rangs supérieurs. Après la prise du camp de Famars, il couvrit notre retraite et sauva l'armée. Devant Dunkerque, à Hondscoote, en 1796, il fut grièvement blessé, et la Convention déclara qu'il avait bien mérité de la patrie. Employé à l'armée du Rhin, il contribua aux succès d'Altenkirchen et de Friedberg. On lui confia, en 1798, le commandement des départemens belgiques; et depuis, il se signala de nouveau à Hohenlinden.

Sénateur en 1801.—Gouverneur-général du Hanovre en 1807.—Commandant de la réserve de l'intérieur en 1808.

Créé pair en 1814, il se retira à la campagne en 1815, et ne vota pas la mort du maréchal Ney en 1816.

COLAUD DE LA SALCETTE (*J. B.*), général de division, né à Grenoble en 1759.

A l'âge de seize ans, il entra comme sous-lieutenant dans le régiment de l'Ile-de-France. Il avança peu jusqu'en 1790, qu'il devint aide-de-camp du général Lameth, et il fut ensuite adjudant-général à l'armée d'Italie. Durant les jours de sang, il donna sa démission, et ne reprit de service qu'à la fin de 1794. Il passa en Italie, et se couvrit de gloire à Castiglione. Il obtint ensuite le commandement de Zante, après le traité de Campo-Formio.

A Nicopoli, il acquit une gloire immortelle: avec quelques troupes, il fit une défense qu'on compara à celle de Léonidas aux Thermopiles; moins heureux que lui, il ne trouva pas la mort : il fut fait prisonnier chez les Turcs. Il eut le commandement du Hanovre en 1810, celui du département du Tibre en 1811, et celui de la 7e. division militaire en 1815.

Colbert (*Auguste* de), général de brigade.

Il entra de bonne heure au service, et sortit promptement de la foule par des actions brillantes. Parvenu au grade de colonel en 1804, il se distingua en 1805, à Ulm et à Austerlitz, à la tête du 10e. régiment de chasseurs à cheval: ce fut sa belle conduite à cette occasion qui lui valut le grade de général de brigade. Jena vint confirmer les grandes espérances que l'armée fondait sur ses talens. En Espagne, sa conduite fut telle qu'on devait l'espérer, celle d'un héros.

Le 3 janvier 1809, près Villa-Franca, au moment où il examinait le terrain pour ranger sa cavalerie, il reçut une balle dans la tête : il tomba expirant. Ses derniers regards tombèrent sur les bataillons anglais mis en fuite ; ses dernières paroles furent : « Je suis bien » jeune encore pour mourir ; mais du moins » ma mort est digne d'un soldat de la Grande- » Armée ; et j'en suis consolé, puisqu'en mou- » rant je vois fuir les ennemis. » (Z.)

Colbert (*Édouard*, comte de), lieutenant-général.

Avec de la bravoure et des talens, disait souvent Napoléon, l'on devient général. M. Édouard de Colbert eut ces qualités, et bientôt on le vit monter à ce grade.

Depuis quinze ans, il est peu de champs de bataille où il n'ait cueilli des lauriers. Amstetten, Raab, la Moskwa, Bautzen, Montmirail, Craonne, Champ-Aubert, Waterloo furent arrosés de son sang ou illustrés par sa valeur. Pendant la campagne de Russie, ce fut lui qui s'empara des immenses magasins de Wilicka et d'Orcha.

Il fut aide-de-camp de Napoléon et commandant des lanciers de la garde. Ce fut le 28 novembre 1813 qu'il fut élevé au grade de général de division.

En 1814, il resta commandant des lanciers de la garde, devenus lanciers royaux.

En 1815, il combattit à Waterloo comme il avait déjà fait en mille occasions : son régiment presque en entier resta sur le champ de bataille : on crut que lui-même y était resté; mais une blessure grave l'avait seulement mis hors de combat.

Il resta quelque temps à l'Abbaye (prison militaire) en 1816, et obtint enfin la liberté de se retirer à l'étranger. (P. P.)

COLBERT (*Alphonse*, comte de), maréchal-de-camp.

Il servit toujours avec honneur dans la cavalerie. Par des charges vigoureuses et faites à propos, il décida le succès de plus d'un combat.

Major en 1804.—Colonel du 7e. régiment de hussards en 1806.—Maréchal-de-camp par ordonnance du Roi, du 9 juillet 1814.

A Friedland, en Pologne, aux combats de Barbastro et de Magellan, en Espagne, il acquit ses titres à la gloire.

COMPANS (le comte), lieutenant-général.

Il servit avec honneur dans les armées républicaines : il partagea leur gloire, et apprit à vaincre en étudiant les causes de leurs défaites. Parvenu de grade en grade aux rangs supérieurs, il était général de brigade en 1804, et servait au camp de Saint-Omer lorsque la campagne de 1805 le fit appeler en Allemagne.

Il fut blessé à Austerlitz. En 1806, il fut chef du 4e. corps de la Grande-Armée; et s'étant distingué éminemment à Jena, il fut fait général de division. De nouveaux succès dans les campagnes suivantes, lui valurent honneur et richesses.

En 1812, à Mohilow et à la Moskwa, où il fut blessé, il mérita les plus brillans éloges.

En 1813, il arrêta avec sa division l'ennemi qui voulait déborder notre droite. Cette manœuvre contribua puissamment au gain de la bataille de Lutzen, et le rangea parmi les généraux dont les talens permettaient qu'on leur confiât un commandement en chef.

Bautzen vint encore augmenter sa réputation et sa gloire.

Tandis qu'on livrait la bataille de Wachau, il fut chargé par Napoléon de garder Leipsick: ses talens lui valurent le succès; son courage l'exposa à recevoir une blessure considérable.

Il déploya son talent ordinaire et plus de courage encore à la défense de la patrie.

Le Roi le fit, en 1814, chevalier de Saint-Louis et inspecteur de l'infanterie des 9e. et 10e. divisions militaires. Il fut en outre nommé membre de la commission de la guerre.

En 1815, Napoléon le retrouva parmi les braves qui vinrent encore lui offrir leur vie et leur épée. A Waterloo, il resta prisonnier sur le champ de bataille. (Z.)

CONROUX, général de brigade.

Il s'éleva rapidement au généralat par une rare intrépidité.

A Jena, après s'être montré en brave à la tête d'une colonne, il reçut une blessure. Au passage du Danube, le 4 août 1809, ce fut lui qui parvint le premier sur la rive gauche, avec 1500 voltigeurs, en face d'Ebersdorff.

En Espagne, il se signala en plusieurs occasions, et reçut la mort en défendant, contre les Anglais, le territoire français. Il périt le 9 novembre 1813, tout à la fois de la mort du héros et du citoyen.

CORBINEAU, général de brigade.

Il était colonel du 5e. régiment de chasseurs à cheval à Austerlitz : il eut quatre chevaux tués sous lui, et reçut une blessure considérable en enlevant un drapeau à l'ennemi.

Devenu aide-de-camp de Napoléon, on le vit à Jena, à Eylau montrer ce même courage. Dans cette dernière bataille, il eut la cuisse emportée par un boulet.

CORBINEAU (le baron), lieutenant-général.

Entré au service avec un nom que son frère avait illustré, il ne démentit pas la haute idée qu'on se forma de son courage. Il était capitaine des chasseurs à cheval de la garde, lorsqu'à Eylau il mérita d'en être fait chef d'escadron. A la bataille de Burgos, en 1808, il obtint le rang de major. A Wagram, en 1809, il montra un courage héroïque; il y fut blessé et fut récompensé par son élévation au généralat. Napoléon le choisit pour aide-de-camp, et le fit général de division en mai 1812. Pendant la retraite de Russie, il aurait été fait prisonnier avec sa division, s'il n'eût été dégagé par le général bavarois de Wrède.

En 1813, il était avec Vandamme à l'affaire de Culm; il manœuvra habilement et sauva sa division. Dans la défense du territoire, il battit les Prussiens et les Russes à Reims, et reprit cette ville.

En 1815, il rentra dans les fonctions d'aide-de-camp de Napoléon, et se trouvait à Waterloo.

Corsin (le baron), maréchal-de-camp.

Il fut soldat, et il est général; plus d'une fois son sang coula pour sa patrie avant qu'elle l'admît au nombre des chefs de ses défenseurs.

Chef de bataillon en 1806. — Colonel en 1807. — Général de brigade en 1810.

Eylau, Burgos, la Galice furent les champs où il mérita d'être inscrit au nombre des héros.

En 1815, il commandait Antibes, et refusa de soumettre son commandement à Napoléon.

CURIAL (le baron).

Soldat, officier, général, toujours on le trouva au nombre de ceux qui avaient combattu en braves.

Chef de bataillon en 1803.—Colonel en 1804. Major d'un régiment de la garde en 1805.—Général de brigade en 1807, et commandant en chef des tirailleurs de la garde.—Général de division en 1810.

Ce fut lui qui, en 1813, réorganisa la garde impériale.

Son courage l'a placé au premier rang parmi les généraux dont la valeur l'emporte sur le talent; ce qui pourtant ne veut pas dire qu'il ne soit estimé que de ceux qui qualifient nos héros de l'épithète de *sabreurs*. Le jugement apprécie les combinaisons de l'intelligence; mais la reconnaissance n'oublie pas le courage. Il acquit ses titres à celle de sa patrie à Austerlitz, à Friedland, à Grossaspern, à Essling, à Wachau, à Hanau.

En 1815, il suivit le Roi à Gand.

CUSTINES (*A. P.*, comte de), général, né à Metz en 1740, mort à Paris en 1793.

Sous le règne des abus, il fut nommé lieutenant au régiment de Saint-Chamans à sept ans : il fit alors, dit-on, sous le maréchal de Saxe, la campagne des Pays-Bas, et à neuf ans il fut réformé.

On songea alors à mettre cet officier au collége, et il en sortit pour rentrer au service dans le régiment du Roi. Il alla combattre en Allemagne, où, par sa belle conduite, il releva l'honneur de ses épaulettes, qu'il avait terni sans sans douter en en faisant des jouets. Bientôt, capitaine par son épée, il devint colonel par faveur; ce que ses exploits firent bientôt oublier.

En 1780, il passa en Amérique et s'associa à la gloire des La Fayette, des Washington, des Rochambeau, des Sullivan. A son retour en France, il fut maréchal-de-camp.

Député aux États-généraux, Custines prouva qu'il avait été digne de figurer parmi les héros de l'Amérique : il se montra ami de l'ordre et de la liberté.

Envoyé aux armées, il s'empara de Porentruy, et en 1792, il commandait en chef l'armée du Bas-Rhin. Des succès marquèrent ses premiers pas; mais bientôt il perdit l'avantage, et fut obligé de se replier sur le territoire français. Il s'était fait de nombreux ennemis; il les augmenta par quelques dénonciations, où il se disculpait de ses revers en les rejetant sur ses collègues : un orage se forma contre lui, et il fut forcé de venir se justifier de trahison devant la Convention nationale. L'orage sembla se dissiper : il fut pourvu du commandement de l'armée du Nord ; et à peine en avait-il visité les avant-postes, qu'il entendit gronder la foudre qui le menaçait : il fit tout pour désarmer ses ennemis par les preuves de son patriotisme. Mais quelque chose désarmait-il Marat et Billaud-Varennes quand ils avaient marqué leurs victimes ? En vain Custines se débattit, ses ennemis l'emportèrent : il fut décrété d'accusation, déposé à l'Abbaye, transféré au Luxembourg dans le cours de juillet 1793 ; son procès, commencé le 15 août, fut terminé le 27. Custines se défendit avec beaucoup de présence d'esprit ; mais ce fut inutilement : l'arrêt était dicté, et la sentence de mort fut prononcée contre lui. Il avait affronté la mort dans les combats, et ne put la voir de sang froid lorsqu'elle l'appela du haut de l'échafaud.

— Son fils, qui avait suivi ses traces, subit son sort : il périt victime des jacobins, qui ne lui pardonnèrent pas d'avoir été lié avec les girondins et d'avoir voulu sauver son père. Il était colonel, et avait été aide-de-camp de Luckner et de son père. (P. P.)

D.

Dagobert (*L. S. A.*, Fontenille), général de division, né à la Chapelle (Manche), mort à Puycerda en 1794.

Avant de combattre pour la république, il versa son sang pour la monarchie : c'était toujours l'avoir consacré à la patrie.

Entré au régiment de Tournaisis comme sous-lieutenant, il y développa du courage, des talens, et obtint de l'avancement. Il fit les campagnes de la guerre de sept ans et les campagnes de Corse.

A Minden, à Ober-Vemer, à Clostercamp, il reçut d'honorables blessures. Le 20 septembre 1792, il fut fait maréchal-de-camp.

Employé à l'armée d'Italie, il y battit l'ennemi au col de Brouns, à Sospello, au passage de la Vésubia.

En 1793, la haute idée qu'il avait donnée de ses talens le portèrent au commandement en chef de l'armée des Pyrénées. Cette armée, qui devait être de cent mille hommes, n'était que de deux divisions incomplètes, sans canons, sans munitions, sans chefs, sans habillemens.

L'expérience de Dagobert suppléa à tout : avec cette petite armée, il sut gagner les combats d'Olette, de Mont-Louis, de Monteilla; prendre Puycerda, Campreden, Urgels; rendre la Cerdagne française à la république, et porter le théâtre de la guerre sur le territoire espagnol.

Sa santé, affaiblie par les fatigues de quarante années de service, le força à demander sa retraite. En attendant qu'il fût remplacé, il continua à vaincre et à détruire sa santé. Il mourut à Puycerda le 21 avril 1794.

Dallemagne (*C.*), général de division, né à Belloy en 1754, mort en 1813.

Il s'engagea en 1773, fit les campagnes d'Amérique, et fut fait sergent au siége de Savanah. En 1790, il fut fait officier et chevalier de Saint-Louis. Capitaine de grenadiers en 1792, il fut blessé à l'affaire du Moulinet, dans le comté de Nice. Le général Brunet le cita comme un des plus braves officiers de son armée. Cette honorable distinction lui valut son élévation au grade de général de brigade, sans passer par les grades intermédiaires.

Dans la campagne d'Italie de 1796, il fut presque toujours de l'avant-garde ou désigné pour les postes importans. Au passage du Pô, il fit une belle attaque à la tête d'une colonne de grenadiers. A Lodi, il mérita un sabre d'honneur. Ce fut lui qui, à la tête de six cents grenadiers, emporta le faubourg de Saint-Georges sous Mantoue.

A Lonado, à Castiglione, à Roveredro, au passage du Larisso, il cueillit d'immortels lauriers. Il fut alors élevé au grade de général de division, et appelé au second blocus de Mantoue où il se couvrit de gloire.

Il commandait à Rome lors de l'insurrection de 1798; on le vit rétablir l'ordre avec promptitude et prudence.

Sa santé altérée lui rendit le repos nécessaire; il rentra dans ses foyers. A peine était-il remis de ses fatigues, qu'une nouvelle coalition vint le rendre à la carrière militaire. On lui confia le blocus d'Ehrenbrestein, qui bientôt forcé de se rendre, se remit à la discrétion d'un général dont la modération était connue.

Il demanda alors sa retraite, et entra au Corps-Législatif en 1802.

Dalhmann, général de brigade.

Sa mort glorieuse suffit pour le placer au nombre des héros. A Eylau, dans la charge générale qui décida du gain de la bataille, et qui força 20,000 Russes à fuir, en abandonnant leur artillerie, il périt en chargeant à la tête des chasseurs de la garde. Plusieurs fois il avait traversé des colonnes d'infanterie, en répandant autour de lui la mort et l'effroi.

Peu de jours auparavant, il avait détruit un régiment russe au pont de Lopaczin.

DALTON (le comte), maréchal-de-camp.

Entré fort jeune dans la carrière des armes, il se distingua en plusieurs occasions par un sang froid imperturbable et par une valeur peu commune : il était adjudant-commandant, lorsqu'à Austerlitz il mérita de commander le 59e. régiment de ligne. En 1809, il fut élevé au généralat.

Dans la campagne de 1812, il fut grièvement blessé au combat de Smolensk; et lors de l'évacuation de l'Allemagne, Napoléon lui confia le commandement d'Erfurt, qu'il défendit jusqu'au moment qu'il reçut l'ordre d'en faire la remise aux puissances alliées.

DAMPIERRE (*A. H. M.* Picot de), général en chef de l'armée du Nord, mort le 8 mai 1793.

Il était colonel du 5e. régiment de dragons lorsque les guerres de la révolution éclatèrent, et sur la fin de 1792 il était général.

A Jemmapes, à Malines, à Nerwinde, il combattit en soldat courageux. Lorsque Dumouriez voulut entraîner l'armée dans sa défection, Dampierre la retint dans le devoir, et sut la réorganiser au moment où la désertion et l'ennemi allaient l'anéantir.

La Convention ne crut pouvoir mieux le

récompenser qu'en lui confiant le commandement de l'armée qu'il avait conservée. Ce poids n'était pas au-dessus de son courage, mais le talent trahit sa bonne volonté : il livra quelques combats, et la fortune lui fut contraire. Dans celui du 6 mai, voyant son aile droite plier, il vole pour ranimer le courage du soldat; il va partager leurs dangers : déjà la victoire semblait lui sourire lorsqu'il eut la cuisse emportée par un boulet. Il expira le surlendemain. (Z.)

DANICAN (*A.*), général.

Soldat très-jeune, il n'obtint d'avancement qu'à l'époque de la révolution. On le vit à cette époque commander un régiment de hussards, puis être nommé général de brigade. Envoyé dans les départemens de l'Ouest, il s'y conduisit en brave; il sut toujours allier, dans ces temps difficiles, son devoir à l'humanité. Au 9 vendémiaire, ayant commandé les forces des sections contre la Convention, il fut condamné à mort par contumace. Réfugié à l'étranger, il servit dans un corps d'émigrés contre sa patrie, où, si l'on en croit les mémoires du temps, il tenta plusieurs fois d'élever des troubles, et n'y rentra qu'en 1814.

DANTHOUARS (le comte), lieutenant-général.

Du talent fécondé par des connaissances profondes firent de bonne heure distinguer M. Danthouars. Napoléon, qui savait apprécier le mérite, le fit en 1807, à la suite de la campagne de Prusse, général de brigade, et l'envoya commander l'artillerie de siége de Graudentz. Général de division en 1810. — Commandant militaire dans les provinces Illyriennes en 1813. — Inspecteur-général d'artillerie, aide-de-camp du vice-roi Eugène, et commandant supérieur des armées de Parme et Plaisance en 1814.

Il suivit le prince Eugène en Hongrie, en 1809, et rendit de grands services à la bataille de Raab.

Le Roi le décora de la croix de Saint-Louis en 1814, lui confia la direction de Metz et Mézières. On le compte aujourd'hui au nombre des inspecteurs-généraux d'artillerie.

Darmagnac (le baron), lieutenant-général. Son goût favorisant les desseins de sa famille, il entra fort jeune dans la carrière des armes; il s'y distingua, et bientôt les grades supérieurs vinrent récompenser ses talens et son courage. Il était général de brigade quand il fit les campagnes de 1806 et 1807 : il passa général de division en Espagne, se couvrit de gloire à Médina del Rio Secco, et livra avec avantage tant de combats aux Espagnols qu'ils avaient appris à respecter son nom. Sa division était sûre de voir fuir l'ennemi en nommant son général : on savait qu'il avait l'habitude de vaincre.

Darnaud (*J.*, baron), maréchal-de-camp, né à Bresse-Boulay (Loiret) en 1758.

Il s'enrôla en 1777, et était sous-lieutenant en 1791. Depuis cette époque, il se livra peu d'affaires où son sang ne teignît nos lauriers. Ce fut sur le champ de bataille qu'il gagna tous ses grades : il fut général de brigade en 1799, et en 1800, après un glorieux combat où il reçut une balle dans la jambe, il fut forcé d'en souffrir l'amputation. Peu sensible à son malheur, il ne déplora que celui de ne pouvoir plus combattre pour sa patrie. Il obtint un commandement aux Invalides, et on le comptait parmi les braves adoptés par la patrie en 1816.

Darricau (le baron), lieutenant-général.

Il dut à une valeur éclatante son prompt avancement : il combattit vaillamment à Austerlitz, à la tête du 32e. de ligne, et mérita d'être élevé au grade de général de brigade. Ce ne fut cependant qu'en 1807 qu'il y fut promu. En Espagne, où il commanda Séville et Sainte-Marie, où il battit complètement Balleysteros, il obtint le commandement d'une division, à la tête de laquelle il combattit les Anglais avec avantage.

En 1814, le Roi lui confia le commandement de Perpignan.

En 1815, Napoléon l'appela au commandement des fédérés de Paris : il sut y établir un ordre et une discipline qui réduisent les clameurs de certains partis à des mots, sans qu'ils puissent citer aucun fait à l'appui de leurs déclamations. (Z.)

DAUDENARDE DE LA LAING (le comte), maréchal-de-camp.

Bon officier de cavalerie, on le vit en 1806 et 1807 faire des charges brillantes à la tête du 3e. régiment de cuirassiers où il était chef d'escadron. En 1809, il fut colonel. — En 1812, général de brigade. — En 1813, il servit dans la division Latour-Maubourg, et se couvrit de gloire aux combats de Dresde du 26 et du 27 août.

Il est officier supérieur dans les gardes-du-corps du Roi.

DAUGIER (*F. H. E.*, comte), contre-amiral.

Courage, talent, sang-froid, telles sont les qualités qui le firent briller dans maints combats; douceurs de mœurs, probité intègre, voilà ce qui lui concilia l'estime de ses concitoyens, l'amour de ses subordonnés.

Garde-marine en 1780. — Lieutenant de vaisseau en 1792. — Capitaine en 1796. — Et enfin chef militaire du port de Lorient.

En 1814, il fit partie de plusieurs commissions maritimes, et fut fait comte et nommé contre-amiral.

En 1815, le département du Morbihan le choisit pour un de ses députés à la Chambre des représentans.

Et en 1816, il obtint le commandement de la marine royale de Rochefort.

DAULTANNE (le marquis), lieutenant-général.

Plusieurs combats où il montra un courage héroïque lui firent rapidement gagner les premiers grades, et commencèrent sa réputation; Jena et Pulstuck vinrent y mettre le sceau. Le 31 décembre 1806, il fut général de division. En Espagne, il battit souvent les Anglais et les Espagnols, et le patriotisme secondant son talent et allumant son courage, on ne le vit jamais si redoutable que lorsqu'il défendit la terre sacrée de la patrie. En 1815, il fut chef de l'état-major de l'armée de Mgr. le duc d'Angoulême.

DAUSMENIL (le baron), maréchal-de-camp.

Ferme, courageux, loyal, tel on le vit avec ses camarades et avec l'ennemi, lorsqu'il était encore confondu dans les rangs des défenseurs de la patrie; tel il fut encore lorsqu'élevé par son courage aux grades supérieurs, il se vit appelé à défendre contre un *allié vainqueur* un château qui renfermait les précieuses archives de la France.

D'abord soldat, il mérita d'être admis dans les guides de Bonaparte; bientôt Napoléon le jugea digne d'être major d'un régiment de sa garde.

L'Egypte et l'Espagne, l'Autriche et la France, le virent combattre et vaincre. A Wagram, il perdit une jambe; et ses exploits lui méritèrent le grade de général de brigade et le commandement de Vincennes, qu'il défendit contre les Prussiens, et ne rendit qu'au Roi. (Z.)

DAVOUST (*Louis-Nicolas*), duc d'Auerstaëdt, prince d'Eckmüll, maréchal de France.

Du régiment de Champagne, où il servait en 1785, comme sous-lieutenant, il passa au commandement d'un bataillon de l'Yonne, et s'y fit remarquer par sa brillante et constante intrépidité. Des services aussi nombreux qu'importans lui valurent successivement sa promotion à tous les grades. Il parvint aux supérieurs, lorsqu'en Egypte, durant l'aventureuse expédition de Bonaparte, il commandait, sous les ordres de Desaix, la division qui marcha dans la Haute-Egypte. Autant que personne, il contribua à la glorieuse journée d'Aboukir. — De retour en France, il eut le commandement des grenadiers de la garde consulaire. — Maréchal d'Empire en 1804, il commandait en 1805 le corps d'armée qui protégea les côtes de Flandres, fit la campagne de 1806, et se signala à Jena, où il eut son chapeau emporté et ses habits criblés de balles. C'est à cette époque qu'il obtint le titre de *duc d'Auerstaëdt*. Entré à Berlin avec son corps d'armée, il pénétra en Pologne, et continua sa moisson de gloire à Eylau, à Heilsberg, à Friedland. Ses rares talens reçurent, dans la campagne de 1809 contre l'Autriche, un nouveau lustre. Il eut la plus grande part, ou plutôt l'influence la plus décisive, à la bataille *d'Eckmüll*, dont le nom, à jamais glorieux, honore le titre de *prince* accordé à Davoust. Il s'empara d'une île du Danube devant Presbourg qu'il prit, et préluda par de brillans succès à Guzersdorff, à la célèbre bataille de Wagram, si honorable pour les armes françaises. La glorieuse et funeste campagne de Russie ouvrit à sa valeur le champ le plus vaste, et l'on ne peut citer une bataille de cette mémorable époque, sans rappeler ou les talens militaires ou les vertus héroïques du prince d'Eckmüll. C'est par ces vertus, c'est avec ces talens qu'il défendit, avec une constance si opiniâtre, Hambourg, dont il s'était emparé. Louis XVIII ayant été appelé au trône constitutionnel, le maréchal Davoust se retira dans ses terres, où il vécut jusqu'au retour de Napoléon, qui lui confia le portefeuille de la guerre. Après la catastrophe de Waterloo, il commanda Paris, réorganisa l'armée, et cédant peut-être avec trop de facilité à la capitulation qu'on eût pu obtenir plus avantageuse, il se retira derrière la Loire avec nos braves, et rétablit dans toutes leurs divisions, une discipline qui eût honoré une armée victorieuse, et dont l'effet prouva que l'armée française n'avait point été vaincue. Depuis, le Roi, dont le cœur s'est associé aux triomphes de nos invincibles, a reçu les sermens du prince d'Eckmüll, et a décoré de ses lis le sceptre de lauriers que ce héros tient de la victoire. (R. DE W.)

DEANDELZ ou DAENDELS, général de brigade.

Conjointement avec le général Dewinter, il fit sous les ordres du général Delmas l'investissement de Bois-le-Duc en septembre 1794. Le 5 octobre, les assiégeans firent une sortie qui fut vigoureusement repoussée par le général Deandelz : il mérita les plus grands éloges pour sa conduite pendant ce siége, ainsi que le général Dewinter qui s'était déjà éminemment distingué au siége d'Ypres. Pichegru rendit aussi hommage aux talens du général de génie Sauviac, à qui il confia le gouvernement de Bois-le-Duc et Crève-Cœur.

Debelle (*Joseph*), général de division, né à Voreppe (Isère) en 1767, mort à Saint-Domingue en 1802.

Il entra dans un régiment d'artillerie en 1782. — Fut lieutenant en 1789. — Capitaine en 1792. — Général de brigade en 1794. — Général de division en 1796. Il servit avec distinction dans les armées du Nord, de Sambre-et-Meuse, du Rhin, d'Italie : il fit les expéditions d'Irlande avec Hoche, de Saint-Domingue avec Leclerc.

En 1793, il commandait une compagnie d'artillerie à cheval; il la voit enveloppée par les Autrichiens, et prête à périr : il rassemble quelques braves, fond avec la rapidité de la foudre sur l'ennemi, et arrache à une mort certaine ou à une captivité honteuse les braves confiés à ses soins. Atteint de plusieurs blessures, ses soldats le trouvèrent étendu sur le champ de bataille; ils le crurent mort, et apprirent avec joie qu'il pourrait encore les conduire aux périls.

A un des passages du Rhin, il fut le premier qui aborda sur la rive droite malgré le feu de l'ennemi. Directeur-général de l'artillerie à Neuwied et à Novi, il reçut de justes éloges après Neuwied et des reproches déplacés après Novi : il sut se disculper.

Il mourut à Saint-Domingue où il avait rendu des services éminens au général Leclerc. (Z.)

DEBELLE (*César-Alexandre*), maréchal-de-camp.

Ses prénoms annoncent un héros, sa conduite ne les justifia point. Dans cette conduite, en Dauphiné, durant l'usurpation, il montra un caractère équivoque, devenu plus ambigu encore pendant et après le procès qu'elle lui suscita. Placé de fait sous les drapeaux tricolores, devenus ceux de l'Usurpation, se rangeait-il d'inclination sous ceux de la Légitimité? il faut le croire, puisque le Roi a commué la peine capitale à laquelle il avait été condamné. Du reste, considéré comme guerrier, le général Debelle mérite des éloges, et son nom, comme celui de son frère, ne saurait déshonorer les registres de la bravoure. (R. DE W.)

DECAEN (*C. M. J.*, comte), lieutenant-général, né aux environs de Caen en 1769.

Il se destinait à la carrière administrative, lorsque le danger de la patrie révéla au jeune Decaen ses véritables dispositions. La trompette guerrière se fit entendre, et il troqua sa plume contre une épée.

Il entra sergent-major dans un des bataillons du Calvados. Arrivé à l'armée du Rhin, il y devint officier d'état-major, adjudant chef de bataillon, et enfin adjudant-général chef de brigade.

Il fit toutes les campagnes de l'Allemagne sous Jourdan et sous Moreau, et devint général de division.

A Ettingen, au passage du Rhin, au pont d'Ingolstat, à Hohenlinden, son courage et ses talens concoururent à fixer la victoire sous les drapeaux de la République.

En 1802, il fut nommé capitaine-général des établissemens français dans les Indes, et partit l'année suivante pour l'Ile-de-France. Son activité et son zèle firent prospérer cette colonie jusqu'au moment que les Anglais, dont il ruinait le commerce par les expéditions qu'il faisait sortir des ports de son gouvernement, vinrent l'attaquer. Après une vigoureuse résistance, il fut obligé de capituler.

Rentré en France, il obtint un commandement dans l'armée du maréchal Suchet et le gouvernement de la Catalogne : il battit, en 1812 et 1813, plusieurs fois les Anglais et les Espagnols, notamment à Tarragone, au col d'Ordal et à Villa-Franca.

Ayant repris du service sous Napoléon en 1815, il fut en 1816 mis en jugement par suite de l'ordonnance du 24 juillet, et acquitté. (P. P.)

DECLAYE, général de brigade.

Officier courageux, il fut général expérimenté : son plus beau fait d'armes est la défense de Cambrai en 1793. Valenciennes était au pouvoir des Autrichiens; nous avions perdu l'un après l'autre tous les postes importans où nous aurions pu résister, et une armée victorieuse se présente devant Cambrai : Declaye y commande; sommé d'accepter une capitulation honorable, il répond : Je sais me battre, mais je ne sais pas me rendre. Attaqué le 7 août, il manqua de vivres dès le lendemain : de nombreuses sorties écartent l'ennemi, et Declaye voit régner l'abondance dans la ville. Le 9, il sort encore, se précipite avec une impétuosité extraordinaire dans les tranchées, et en chasse les Autrichiens. L'ennemi sent qu'un tel général est un obstacle à ses succès : le 11, il lève le siége, après cinq jours d'une attaque où il joua le rôle d'un assiégé plutôt que celui d'un assiégeant, car nuit et jour il fut attaqué, et loin de chercher à inquiéter la garnison, il fut toujours sur la défensive.

Decrès (*D.*, duc), vice-amiral, né à Château-Vilain en 1762.

Garde-marine en 1780. — Lieutenant de vaisseau en 1786. — Major-général de la division de l'Inde en 1791 et 1792. — Capitaine de vaisseau en 1793. — Chef de division en 1796. — Contre-amiral en 1798. — Ministre de la marine en 1801. — Et enfin vice-amiral et inspecteur-général des côtes de la Méditerranée.

Du courage, des talens, et plusieurs combats, l'avaient déjà distingué avant la révolution.

Au combat naval d'Aboukir, il sauva *le Guillaume Tell*, et se réfugia à Malte; bloqué bientôt dans ce port que les Anglais attaquaient, il fut chargé de la défense des forts. La nécessité d'avoir des secours détermine Decrès à passer en France. Pendant une nuit obscure, il sort du port; il était près d'échapper à la croisière, lorsque, reconnu par une frégate, il se voit attaqué par trois vaisseaux anglais. Après un combat des plus terribles, dans lequel il mit hors de combat deux vaisseaux anglais, il fut obligé de se rendre, et resta prisonnier de guerre.

Sorti du Ministère de la marine en 1814, il y rentra en 1815. Depuis la rechute de Napoléon, il s'est retiré dans ses terres.

Deflers (*C.*).

Son courage est prouvé, son talent fut douteux, mais sa mort sur un échafaud, lorsqu'il venait de combattre pour sa patrie, nous fait un devoir de louer l'un et de nous taire sur l'autre.

Il avait obtenu le grade de maréchal-de-camp en combattant sous la monarchie : il voulut le mériter en combattant pour la république. Au camp de Maulde, il mérita d'être fait général de brigade. Après la prise de Tournay, il en eut le commandement ; et peu après, Bruges, la West-Flandre, et une partie de l'armée de Belgique, reçurent ses ordres. Nerwinde qui relève le courage des alliés, met Deflers dans une position critique ; il est obligé de capituler dans Breda. Envoyé à l'armée des Pyrénées, il parut avoir des succès, et cependant perdit du terrain. Destitué par les commissaires de la Convention et envoyé au tribunal révolutionnaire, il porta sa tête sur l'échafaud où périrent les Houchard, les Custines, les Miacksenski, et tant d'autres généraux qui n'eurent, aux yeux des républicains ingrats, que le tort d'être malheureux. (P. P.)

Defrance (le comte), lieutenant-général.

Il fit ses premières armes à l'armée du Rhin, et obtint un régiment à l'armée d'Italie.

L'Autriche, la Prusse, la Pologne, la Russie, la Saxe, la France, furent ou arrosées de son sang ou étonnées par ses exploits.

Wagram, Montmirail et Reims, sont les combats où il montra du talent; dans cent autres, il montra du courage.

DEJEAN (*J. F. A.*, comte), premier inspecteur-général du génie, né à Castelnaudary en 1749.

Elève de l'école militaire de Mézières, il fut reçu lieutenant de génie en 1768. — Ingénieur en chef ordinaire en 1770. — Capitaine de génie en 1777. — Chef de bataillon en 1792. — Commandant du génie de l'armée du Nord en 1794, et général de brigade sur la fin de la même année. — Général de division en 1795. — Conseiller d'Etat en 1801. — Directeur de l'administration de la guerre en 1802. — Premier inspecteur-général du génie, et sénateur en 1810. — Pair de France en 1814. — Pair de l'Empire en 1815.

De vastes connaissances, une mémoire heureuse, un coup-d'œil juste et prompt, telles sont les qualités qui lui ont fait parcourir avec honneur la carrière la plus distinguée de l'art militaire.

Il fit les campagnes de 1792 et 1802.

Ses talens furent remarqués au siége de la citadelle d'Anvers en 1792, à Nerwinde en 1793, aux attaques de Courtray et de Menin, aux siéges d'Ypres, de Nieuport et de l'Ecluse, et en un grand nombre d'occasions importantes.

Après la campagne de Marengo, il fut chargé d'organiser la république ligurienne.

En 1815, il fut porté sur la liste du 24 juillet, comme cessant de faire partie de la Chambre des Pairs : il avait, pendant les cent jours, repris les fonctions de premier inspecteur-général du génie, et rempli par interim les fonctions de grand-chancelier de la Légion-d'Honneur. (Z.)

Delaborde (*H. F.*, comte), lieutenant-général, né à Dijon en 1765.

Il entra au service comme sous-officier, devint lieutenant dans un bataillon de volontaires de son département, et se distingua assez pour en obtenir le commandement. En 1793, il montra tant de talent et de courage à une affaire près de Rhinsabern, qu'il fut jugé digne d'être élevé au généralat : il fut alors chef d'état-major de l'armée de Toulon. Dans les Pyrénées, le combat de Ronceveaux; à l'armée du Rhin, l'occupation du Brisgau, lui méritèrent de justes éloges.

En 1805, il fut revêtu du commandement de la 13e. division militaire. En Espagne, en Russie, il partagea nos revers et nos succès, et Napoléon récompensa ses talens par le gouvernement de Compiègne.

En 1815, pair du renaissant Empire, il retarda sa chute de tous ses talens et de tout son pouvoir; aussi le voit-on figurer sur la liste du 24 juillet. (Z.)

Delatre (*L. P.*), général de division, né à Saint-Valery en 1765, mort en 1794.

Jeune encore, il entra au service : quelques talens et beaucoup de valeur furent ses seuls moyens de parvenir. Il commandait une division de l'armée des Pyrénées en 1793. Heureux au combat de Bagnols, la Convention dit : *Il a fait son devoir.* Battu quelques jours après, des juges prononcèrent qu'il était un traître : son sort fut partagé par le général Daoust; ils périrent sur un échafaud.

Delaunay-Vicardois (*J. C. R.*), lieutenant-général, né en 1739 près de Lizieux.

Sous un gouvernement où la naissance primait le talent et même le courage, dire d'un soldat roturier qu'il devint capitaine et chevalier de Saint-Louis, c'est dire assez pour sa gloire.

Pendant la révolution, il devint général de division, et commanda en chef l'armée de la Moselle, puis obtint sa retraite et une pension. En 1805, Napoléon lui accorda l'étoile de chevalier de la Légion-d'Honneur. Son fils, devenu capitaine de dragons, fut coupé en deux par un boulet, en combattant bravement au pont de Golinym, en février 1807.

DELMAS (*A. G.*), lieutenant-général, né à Argental (Corrèze) en 1768.

En 1791, il était chef du 1er. bataillon de la Corrèze; le 30 juin 1792, il était général de brigade; et le 19 septembre de la même année, général divisionnaire.

Il servit d'abord dans l'armée du Nord; en 1793, il faisait partie de celle du Rhin, et commanda en second à Landau lors du bombardement de cette place. En 1794, il prit le fort de Crève-Cœur près Bois-le-Duc; et quelques jours après, il s'empara d'un autre fort, en franchissant à cheval, et à la tête d'un régiment de cavalerie, toutes les palissades. A l'armée de Rhin-et-Moselle en 1796, il préluda par le succès de Freundenstadt, à la bataille de Radstatt, et Moreau lui attribua l'honneur de la journée d'Ettingen.

Envoyé en Italie, il ne put, dans la malheureuse campagne de 1799, arrêter le cours de nos désastres; mais malgré plusieurs blessures, on le vit partout où il pouvait, par sa présence, ou rallier nos soldats ou protéger notre retraite.

En 1800, au combat de Moëskirch, il fit des prodiges de valeur.

Son attachement à Moreau l'ayant rendu

suspect à Bonaparte, il resta sans activité. La malheureuse campagne de 1812 rendit son talent et son courage utiles à Napoléon ; il lui confia en 1813 une division de son armée. Le général Delmas prouva que si douze ans d'inactivité avaient pu le faire oublier de ses compatriotes, la victoire se ressouvenait encore qu'il avait été un de ses favoris. (P. P.)

DELORT (*J. A. A.*, baron), lieutenant-général. Un goût décidé pour les armes le rangea, bien jeune encore, dans nos bataillons vainqueurs ; mais il sut bientôt se tirer de la foule. Ayant fait les guerres de la révolution avec honneur, il était à la campagne de Marengo chef d'un régiment de cuirassiers; à celle de 1805, colonel du 9e. de dragons. En Espagne, il devint général de brigade; et en 1814, S. M. l'a élevé au rang de lieutenant-général.

A Austerlitz, un régiment de cosaques réglés fut dispersé par sa valeur; il eut un cheval tué sous lui, et il reçut deux coups de lance. A Vich, à Sagonte, en Espagne, il se couvrit de gloire.

DELZONS (le baron), général de division, né à Aurillac, mort en Russie en 1812.

Ayant embrassé la carrière militaire pendant la révolution, on le vit après plusieurs actions d'éclat parvenir au généralat en 1805. En 1806, la défense des bouches du Cattaro contre les Russes et les Monténégrins lui fit le plus grand honneur; aussi obtint-il le commandement en chef des provinces Illyriennes.

En 1812, appelé à faire partie de l'expédition de Russie à Ostrowno, à Dmitrow, à la Moskwa, il partagea nos immortels lauriers, mais son sang devait bientôt les arroser. A Maloïaroslewitz, à ce combat qui fut le prélude de nos désastres et le signal de notre retraite, il reçut une mort glorieuse.

Dembarère (*Jean*, comte), lieutenant-général de génie.

Il avait quinze ans en 1768, lorsqu'il entra dans le corps royal du génie. Son talent et sa naissance lui facilitèrent l'accès des grades supérieurs. Ayant adopté les principes réformateurs de la révolution sans en approuver les conséquences excessives, il fut employé pour réprimer le soulèvement des départemens de l'Ouest : il devint alors général de division; après avoir commandé une division de l'armée d'Angleterre en 1798, il obtint, après le 18 brumaire, la place d'inspecteur-général du génie.

Sénateur en 1805.—Pair en 1814.

Demont (le comte), lieutenant-général.

Son courage et ses talens furent les artisans

de sa fortune : les guerres de la révolution le tirèrent de l'obscurité.

Général de brigade en 1804, il faisait partie de l'armée d'Angleterre et commandait au camp de Bruges.—Blessé à Austerlitz, sa brillante valeur fut bientôt récompensée : il fut général de division le 21 décembre, et sénateur peu après. En 1806, il organisa un corps d'armée pour la défense des côtes. En 1809, à la bataille d'Eckmüll, il combattit en soldat : il eut un cheval tué sous lui.

Le Roi l'a créé pair en 1814.

Deriot (le baron), lieutenant-général.

Celui qui fut jugé digne de commander dans la vieille garde lorsqu'il affronta la mort pour la défense de sa patrie, et qui commanda tous les dépôts de la garde impériale lorsque d'honorables blessures le forcèrent à la retraite, ne doit avoir besoin que de se nommer pour être admis au nombre des braves.

Déry, général de brigade.

Déjà connu par ses exploits, il fit les campagnes de 1805, 1806 et 1807 comme aide-de-camp de Murat.—Colonel de hussards en 1806.—Général de brigade en 1809.

Entre vingt combats où il acquit de la gloire, nous citerons la bataille de la Moskwa comme sa plus belle journée : il ne put jouir de son triomphe, ni rentrer victorieux dans sa patrie : il périt dans la retraite qui flétrit nos lauriers.

DESAIX (*L. C. A.*), général de division, né à Ayat (Puy-de-Dôme) en août 1768, mort à Marengo.

Il est de ces noms qu'on ne peut prononcer sans qu'ils rappellent une foule de souvenirs. Marengo est un de ces noms, et la mort glorieuse du brave Desaix est un de ces souvenirs qui passeront à la postérité avec cette immortelle bataille.

L'Allemagne, l'Egypte, l'Italie, furent le théâtre de ses triomphes.

En Allemagne, Weissembourg, Lauterbourg, Offembourg, Ettingen, Ingolstat, Kelh, commencèrent sa réputation. Il était lieutenant en 1792, et général de division en 1797. C'est pendant ces campagnes que le Comité de Salut-Public envoya aux représentans en mission l'ordre d'arrêter Desaix, que déjà on appelait, comme Bayard, le guerrier *sans peur et sans reproche*. Desaix était entouré de l'amour du soldat, de l'estime de ses chefs. Les représentans n'osent entraver dans des fers les mains que décorent de si nobles palmes, et bientôt ils font oublier qu'ils étaient venus pour le perdre en lui procurant un nouveau triomphe. En l'envoyant à l'attaque d'un poste important, ils l'envoyèrent vaincre, et le firent général.

En Egypte, il commanda d'abord l'avant-garde de l'armée. Cheibresse, Embabé, Sédiman, Samanhout, Aboumana, Girgé, Sienne, offrent des combats qui le couvrirent de gloire. Nommé commandant dans la Haute-Egypte, il prouva qu'il ne possédait pas seulement les qualités d'un grand général : il fut bon administrateur. Aimé des Egyptiens, il reçut de leur gratitude le titre de *Sultan juste*. Pendant un moment de repos, fruit de sa prudente administration, il s'occupa du progrès des arts; c'est à ses recherches qu'on doit la *statue pédestre d'Antinoüs*.

Choisi par Kléber pour signer la convention d'El-Arisch, Desaix fut victime de la perfidie anglaise; l'amiral Keith le retint prisonnier, et l'accabla de mauvais procédés au moment où il revenait en Europe sur la foi des traités. Cependant, rendu à la liberté, Desaix vole aux plaines d'Italie. Apprenant que nos phalanges moissonnent de nouveaux lauriers, il brûle de s'associer à leur récolte. Bonaparte s'empresse d'utiliser ses talens, et voit dans son retour un heureux présage. Deux divisions obéissent à Desaix; c'est à Marengo qu'elles doivent triompher. Après une journée entière du combat le plus meurtrier, l'armée française se voyait presque vaincue quand elle apprend que Desaix vole à son secours : ce nom ranime les courages abattus. Les bataillons épars se rallient derrière cette nouvelle armée. Un effort plus énergique est tenté, et la victoire le seconde. L'Autrichien fuit de toutes parts; mais bientôt une nouvelle fatale éteint la joie des vainqueurs, et les cris du triomphe s'arrêtent tout-à-coup à l'aspect du héros qui vient de tomber, et demeure comme enseveli sous nos trophées. (P.P.)

DESFOURNEAUX (*E. E. Bornes*, baron), lieutenant-général.

C'est à Saint-Domingue et à la Guadeloupe, où il servit de 1792 à 1799, que son talent et son courage l'ont élevé, après maints combats glorieux, au rang de général. Sergent de grenadiers en 1789, il passa adjudant-major dans un bataillon de volontaires.—Chef de bataillon en 1792.—Colonel du 48e. de ligne et commandant du Port-au-Prince en 1793.—Général de brigade, puis de division, en 1794.

Rentré en France avec les débris de l'armée de Leclerc, il resta sans activité.

Porté à la législature en 1811, vice-président en 1813, représentant en 1815, on le vit faire de sages propositions et d'excellens rapports en plusieurs occasions.

DESGRANGES, général de division.

Il lui fallut livrer plus d'un combat pour parvenir au grade de général, et quand il l'eut obtenu, il brûla encore de combattre pour prouver qu'il en était digne. Ce fut au plateau de Platzberg (en juillet 1794), position jugée inexpugnable, qu'il en trouva l'occasion : il escalada, avec le général Sciscé, une position si formidable, que les Prussiens, confiant leur sûreté à la difficulté de gravir jusqu'à eux, négligèrent long-temps de se servir de leurs armes. Lorsque leur feu commença, il n'était plus temps de déloger les Français qui, animés par l'exemple de leurs généraux, s'élancèrent la baïonnette en avant dans les retranchemens, et y firent un carnage horrible.

DESHERBIERS (*A. A. l'Etenduaire*), général de brigade.

Il est du nombre des héros français qui portèrent leur tête ombragée de lauriers sur l'échafaud révolutionnaire. Son courage et son patriotisme ne purent faire oublier qu'il était noble, et dès-lors on en conclut qu'il était traître.

Capitaine en 1789, lorsqu'il fut envoyé à la mort, en 1794, il était général de brigade : il avait acquis ses grades par des actions glorieuses en Italie.

Desilles, officier au régiment du Roi, infanterie.

L'insubordination, qui remuait l'armée en 1790, avait excité dans la garnison de Nanci une violente insurrection, que le marquis de Bouillé fut chargé d'apaiser. Il y était presque parvenu, lorsqu'un nouveau ferment séditieux éclata dans les derniers rangs du peuple appuyés d'une poignée de soldats mutins. Ils tirèrent à mitraille sur les troupes de M. de Bouillé. Desilles, présent, s'élance d'abord parmi les furieux, les contient un instant, et arrache la mèche aux mains mêmes des canonniers. Bientôt, à une pièce de 24 prête à vomir la mort, il oppose sa poitrine, et quoique arraché à ce péril flagrant par des mains officieuses, il persiste dans son dévouement héroïque, s'assied sur la lumière, et tombe glorieusement massacré. Nouveau d'Assas, ce jeune héros a été long-temps l'honneur du parti constitutionnel, qui lui avait voué une sorte de culte politique, parce qu'il respectait en lui le martyr de la plus noble cause, et dans son sang la consolidation de l'édifice qu'il croyait élever à l'ordre autant qu'à la liberté. Desilles était né le 7 mars 1767. (R. de W.)

Desjardins, général de division.

Il fut soldat. La formation des bataillons de

volontaires en 1792 fut l'origine de sa fortune; car il fut nommé commandant d'un des bataillons de Maine-et-Loire. Dès 1794, il parut au rang des généraux de division; et c'est en cette qualité qu'il fit, avec Pichegru, la campagne de Hollande, en 1794 et 1795, et avec Brune, celle de 1799, contre les Anglais et les Russes. Il commanda en chef par intérim l'armée franco-batave.

En 1805, il commanda une division du corps du maréchal Augereau.

En 1806, il couronna sa réputation par une conduite au-dessus de tout éloge. Grièvement blessé, il fut obligé de demander sa retraite. Il mourut en 1810.

Desmarêts (*J. G.*), général de brigade.

Déjà connu par ses hauts faits, il était général, lorsqu'en 1792 il défendit durant une nuit entière, avec un seul bataillon (le 1er. de la Somme), la ville d'Orchies contre 5000 hommes : les assaillans rebutés allaient renoncer à leur entreprise, lorsque le jour vint révéler aux assiégeans le petit nombre des assiégés : le sentiment de leur faiblesse ébranla les Français, et le général Desmarêts ne crut pas devoir les exposer à une mort glorieuse, mais sans utilité. Il quitta la ville, où il rentra victorieux le lendemain. Ce combat lui fit le plus grand honneur.

Desperrières, maréchal-de-camp.

Déjà général, il n'avait que peu de chose à demander à la fortune, qui l'avait placé à un beau rang, lorsque la victoire vint attacher son nom à un combat digne d'être conté à la postérité. Ce fut le 9 juin 1793 que Delaage, Desperrières, Tolozan, etc., méritèrent, au combat d'Arlon, d'être admis au nombre des héros. Desperrières fut le premier qui aborda les batteries autrichiennes. Delaage qui, peu de temps auparavant, s'était distingué à l'attaque de la Montagne-Verte, commandait en chef.

Le général Desperrières resta long-temps sans être en activité. En 1816, le Roi lui a confié le commandement du département de l'Aveyron.

Despinoy (*H. F. J.*, comte), lieutenant-général, né à Valenciennes en 1764.

En 1780, il entra au service comme sous-lieutenant.—Il était capitaine en 1791.—Adjudant-général en 1792. — Chef d'état-major à l'armée de Toulon en 1793.—Général de brigade en 1794.—Général de division en 1796. —Commandant d'armes à Perpignan en 1799; à Alexandrie en 1800; à Metz en 1814. —

Commandant supérieur de la 1re. division militaire (Paris) en 1815.

Les Alpes, les Pyrénées, les Apennins le virent combattre et vaincre.

Après les combats du Bec et de Figaret, dans les Alpes, Boulon et Puycerda, dans les Pyrénées, commencèrent à donner une haute idée de son courage et de ses talens.

Ami de Dugommier, ce général le chargea de présenter à la Convention les drapeaux enlevés aux Espagnols.

Employé en Italie sous Bonaparte, on le vit à Vico, à Ceva, à Mondovi contribuer à nos succès. Chargé du siége du château de Milan, il força la garnison de capituler après 11 jours de siége. A Lonado et à Castiglione, de nouveaux services lui méritèrent de nouveaux éloges. (Z.)

DESPREZ-CRASSIER, né à Divonne, près Genève.

Il était colonel à l'époque de la révolution.

Maréchal-de-camp en 1792, il commandait au camp de Fontenay-sous-Longwy. Envoyé à l'armée des Pyrénées en 1793, il servit avec honneur sous Dampierre, et venait d'être nommé général en chef, lorsqu'il fut destitué comme noble. Il se retira du service, et n'a pas, depuis, été tenté de hasarder les glorieuses chances des combats.

Dessaix (*J. M.*, comte), né à Thonon en Savoie, en 1764.

Il était médecin, et étudia en cette qualité à Paris, où il prit des principes libéraux, qu'il essaya vainement de perpétuer dans sa patrie. Rentré en France, il embrassa la carriere militaire, s'y distingua en Savoie, à Toulon, en Espagne, en Italie, sur le Rhin, et refusa toujours le grade de général de brigade, que ses talens et son courage lui firent offrir plusieurs fois.

Appelé à la législature en 1798, on le vit s'opposer fortement à la révolution du 18 brumaire. Après cette époque, il retourna dans les camps. Il servit en Hollande contre les Anglo-Russes, commanda à Breda, à Francfort, et fit partie de l'expédition de Hanovre. Promu de nouveau, en 1803, au grade de général de brigade, il refusa encore long-temps cet honneur, et fit avec distinction les campagnes de 1805, 1806 et 1807.

En 1809, Eugène Beauharnais lui attribua une partie des succès des passages de la Piave et du Tagliamento : aussi, le 9 juillet, fut-il élevé au grade de général de division.

En 1810, il commanda à Amsterdam. — En

1812, il fit la campagne de Russie et fut blessé à la bataille de la Moskwa.—En 1813, il commanda à Berlin.—En 1814, à la tête des gardes nationales du Mont-Blanc, il défendit ce département, reprit sur les alliés Chambéry, les Échelles, Montmélian, et était sous les murs de Genève, lorsque les événemens d'avril 1814 vinrent arrêter sa marche.

En 1814, chevalier de Saint-Louis.—En 1816, il fut conduit à Fenestrelles par ordre supérieur. (P. P.)

Dessein, né à Orthez (Basses-Pyrénées).

Soldat à quinze ans, à vingt-deux il était sous-lieutenant. Envoyé aux frontières en 1792, il devint bientôt chef de brigade. Il fut blessé au combat de Commissary, livré et gagné par l'armée des Pyrénées. Entièrement rétabli, il fut envoyé, avec le titre de général de brigade, en Vendée, et maintint la paix dans le lieu de son commandement. Après le 18 brumaire, Bonaparte le fit inspecteur aux revues de la 11e. division militaire.

Brave, aimable, intelligent, guerrier prudent, administrateur zélé, le général Dessein fut aimé de ses concitoyens, estimé de ses chefs, redouté par l'ennemi. (Z.)

Dessolles (*P. A.*), lieutenant-général, né à Auch en 1768.

Le patriotisme fait les vrais héros : c'est à ce sentiment que le général Dessolles doit le haut rang qu'il occupe aujourd'hui parmi ces guerriers que la France montre avec orgueil à ceux qui se disent ses vainqueurs, parce qu'ils la soumirent en la désarmant avec des apparences de paix.

Lorsqu'en 1792, l'invasion de vingt peuples menaçait nos frontières, le jeune Dessolles s'arracha aux douceurs de sa famille pour voler dans les camps : bientôt il y est remarqué et fait capitaine au bataillon des Montagnes, à l'armée des Pyrénées occidentales.

Adjudant-général chef de bataillon en 1793. — Général de brigade en 1797. — Général de division en 1799. — Chef de l'état-major de l'armée du Rhin en 1800. — Conseiller-d'état en 1801. — Gouverneur de Versailles en 1805. Gouverneur de Cordoue et Séville en 1810. — Commandant en chef de la garde nationale de Paris, membre du Gouvernement provisoire, chef d'état-major général des gardes nationales du royaume en 1814. — Pair, ministre-d'état en 1815. — Membre du conseil privé en 1816.

Ce fut lui que Bonaparte choisit pour apporter au Gouvernement les traités de paix conclus à Léoben et à Campo-Formio.

A la tête d'une division de l'armée française,

il fit, en 1799, la conquête de la Walteline, après avoir gagné le combat de Sainte-Marie.

Nombre de combats glorieux où il prit part sont ses titres à la reconnaissance de la patrie : Hohenlinden et Occana porteront son nom à la postérité.

Disgracié sur la fin du règne de Napoléon, on le vit comblé de grâces depuis le rétablissement de la Monarchie. Reconnaissant de tant d'honneurs, il suivit le Roi à Gand : à la rentrée, il reprit ses anciennes fonctions. Cependant, depuis octobre 1815, il a cessé l'exercice de plusieurs. (P. P.)

DESTAING, général de division.

Puisque son destin était de périr par les armes, pourquoi est-ce la main d'un Français qui a tranché des jours si glorieux, pourquoi n'est-ce pas sur un champ de bataille qu'il a trouvé la mort? Il ne lui manqua que cet honneur pour terminer glorieusement sa belle carrière.

Après de nombreux hauts faits, il fut appelé à guider le 4e. régiment de ligne : longtemps il partagea ses périls et détermina ses succès : les lauriers qu'il cueillit à la tête de ce brave régiment furent cinq fois arrosés de son sang.

Choisi par Napoléon pour être un des vainqueurs de l'Afrique, ce fut sur le champ de bataille des Pyramides qu'il obtint le grade de général de brigade. Appelé aux champs de la Syrie, ses exploits y contribuèrent à nos succès. A Aboukir, il commandait notre infanterie légère; à sa tête, il rompit la première ligne des Turcs et les jeta dans la mer. De nouveaux services le firent général de division. Des blessures graves le forcèrent à quitter le service. Il revint dans sa patrie, estropié et couvert de blessures : mais ses lauriers couvraient ses cicatrices et allégeaient ses douleurs. En 1802, il fut tué en duel par le général Régnier.

(P. P.)

DIGEON (*A. J. M.*, vicomte de), lieutenant-général.

Il parvint au rang de colonel en 1804 : il avait parcouru tous les grades inférieurs, et ce fut toujours une action d'éclat qui lui valut un grade. A Austerlitz, où il commandait le 26e. régiment de chasseurs à cheval, il fut du nombre de ceux qui méritèrent des honneurs. En 1806 et 1807, de belles charges de cavalerie et de belles manœuvres annoncèrent les talens d'un général : il le fut en effet.

Appelé en Espagne, il y commanda une division, et ne rentra en France que pour la défendre contre l'étranger.

En 1814, il obtint la croix de Saint-Louis et devint inspecteur-général de cavalerie.

En 1815, il était attaché à la garde royale.

Digonnet, général de division, né à Crest (Drôme), en 1763.

Ce fut dans la guerre de l'Indépendance américaine qu'il fit ses premières armes : il était soldat. Rentré en France, il y rapporta l'amour de la liberté et l'expérience qu'on acquiert dans les combats. Lorsque des milliers de Français vinrent se ranger sur la frontière, Digonnet, par son courage, par ses services, fut jugé digne de commander : fait général à l'armée des Pyrénées-Orientales, il se distingua éminemment au combat d'Irum. Employé par Hoche lors de la pacification de la Vendée, il remplit avec succès les intentions du Gouvernement, et garda pendant deux ans le commandement de la Charente-Inférieure et des Deux-Sèvres. Il fit depuis plusieurs campagnes en Allemagne et en Italie, où il garda un commandement jusqu'en 1810, qu'il quitta le service.

Dillon (*Théobald*, comte de), maréchal-de-camp.

Colonel à l'époque de la révolution, il fut nommé maréchal-de-camp en 1791.

Pourquoi faut-il que le premier pas fait par les

cohortes françaises pour repousser cette coalition qui, de 1792 à 1814, a menacé la France, soit marqué par une fuite honteuse, par un assassinat horrible? La mort de Dillon et de Berthois est assez connue : c'est une tache heureusement cachée sous des lauriers. (Z.)

DILLON (*Arthur*, comte de), maréchal-de-camp, né à Breywick, en Angleterre, en 1750, mort en 1793.

Colonel et maréchal-de-camp avant la révolution, après avoir siégé dans l'Assemblée nationale, il alla commander l'armée du Nord en 1792. S'étant montré contraire aux événemens du 10 août, il fut destitué. Remis en activité par Dumouriez, il battit l'ennemi à Biennes, à Sivray, et on lui dut la reprise de Verdun sans effusion de sang. Mais on ne lui pardonnait pas d'avoir, en apprenant les événemens du 10 août, fait renouveler à son armée le serment de fidélité à la loi et au Roi : Bourdon de l'Oise, Legendre, Chales, Duhesme, Couthon, Vadier, Fouquier-Thainville jurèrent sa perte : dès-lors elle fut inévitable.

Traduit au tribunal révolutionnaire pour avoir, disait-on, conspiré à la délivrance de Danthon, il fut condamné à mort, et subit son jugement avec fermeté.

DODÉ DE LA BRUNERIE, lieutenant-général du génie.

Officier de génie du plus rare mérite, ce fut par de grands services qu'il parvint au rang de général de brigade : la défense de Glogaw (Silésie), en 1813 et 1814, vint prouver qu'à ses talens distingués, il joignait une bravoure peu commune.

Il a été élevé au rang de lieutenant-général en 1814.

DOGUEREAU (le baron et le chevalier), l'un maréchal-de-camp, et l'autre colonel; tous deux servant dans l'artillerie.

Le chevalier Dogueréau aîné parvint par ses talens aux grades supérieurs : il rendit de grands services dans son arme, et en fut récompensé par le rang de colonel directeur d'artillerie.

Le baron Doguereau jeune était major de l'artillerie de la garde en 1807. En 1808 et 1809, il était chef d'état-major de l'artillerie du corps d'armée de Sébastiani, en Espagne. Son sang froid, ses talens, sa bravoure contribuèrent puissamment aux succès des affaires de Talavera de la Reyna et d'Almonacid. Il est maréchal-de-camp depuis 1814.

DOMBROWSKI, général de division.

Né en Pologne, c'est sous Kosciusko qu'il apprit à combattre et à aimer la liberté. La voyant fuir de sa patrie, il crut qu'elle s'était réfugiée en France. Il y vint en 1795, et y fut favorablement accueilli. Il fut autorisé à former une *Légion Polonaise* au service de France, et en 1797, il était à la tête d'un corps considérable par son nombre, respectable par son courage. Il servit en Italie, et concourut à la conquête de Naples. Depuis, on le vit toujours servir sa nouvelle patrie comme s'il eût combattu sur les bords de la Vistule.

Depuis les événemens de 1814, il est rentré en Pologne, et y commande maintenant un corps d'armée. (Z.)

DOMMARTIN, général de division.

Officier d'artillerie distingué, c'est devant Toulon qu'il fit ses premières armes : à l'affaire d'Ollioules, il fut blessé en dirigeant une pièce : il fut créé chef de brigade sur le champ de bataille.

Lors de la première campagne d'Italie, Bonaparte lui confia le commandement de l'artillerie légère. Vico, Pavie, Castiglione, Roveredro furent les champs de sa gloire.

Ayant sollicité d'être au nombre des généraux employés à l'expédition d'Égypte, il se signala de nouveau à Alexandrie, Rahmanié, Chebreisse, aux Pyramides. Au siége de Saint-

Jean-d'Acre, blessé mortellement, il mourut au grand regret de l'armée qui l'estimait, et du général en chef qui savait apprécier les talens et récompenser les services.

Donnadieu (le vicomte), lieutenant-général. Il fit ses premières armes en 1796, sous les ordres de Moreau. Grièvement blessé après un combat sanglant, il fut distingué de ses chefs, et devint chef d'escadron. Enfermé au château de Lourdes pour ses opinions républicaines, il ne fut remis en activité que par Napoléon, qui l'employa dans l'armée des Côtes de Brest.

Colonel pendant la campagne de 1809, général de brigade pendant celle de 1812, il déploya en plusieurs occasions un grand courage et beaucoup de talens. Napoléon conçut, au retour de cette funeste campagne, de nouveaux soupçons sur sa fidélité : il fut incarcéré, et ne dut sa liberté qu'à la chute de l'Empire.

Commandant supérieur du département d'Indre-et-Loire lors du retour de Napoléon, il suivit le Roi à Gand, et y fut fait lieutenant-général.

En 1816, il commandait à Grenoble lors du soulèvement de Didier : ce fut à son zèle, à son activité qu'on dut le prompt rétablissement de la tranquillité dans le département de l'Isère.

DONZELOT (le baron), lieutenant-général.

Il est du nombre des officiers de distinction qui se formèrent à l'école de Moreau. L'Autriche, la Prusse, la Pologne et Naples le virent guider nos braves à la victoire.

Il fut gouverneur général des îles Ioniennes, et ne rentra en France qu'en 1814.

DOPPET (*F. A.*), général de division, né à Chambéry en 1753, mort à Aix en 1800.

Il s'enrôla très-jeune, et servit dans les gardes françaises : l'amour de l'étude lui ayant fait quitter le service, il se fit recevoir médecin. La révolution qui éclata le força de quitter la cour de Turin, auprès de laquelle il avait vainement essayé de faire fortune, et il vint se fixer en France. Chaud partisan des nouveaux principes, il se lia avec Aubert du Bayet, et travailla aux *Annales patriotiques*, rédigées par *Carra* et *Mercier*.

Il figura parmi les acteurs du 10 août, mais ce fut pour servir l'humanité. Devenu lieutenant-colonel de la légion des Allobroges, il servit sous Cartaux à l'armée du Midi, et y devint général de brigade. Nommé commandant en chef de l'armée des Alpes, il assiégea et prit Lyon en 1793, et ne signala son entrée dans cette ville que par ses efforts pour arrêter le pillage et l'effusion du sang. Il commanda le siége de Toulon, et le quitta pour aller commander l'armée des Pyrénées-Orientales. Des succès signalèrent ses premiers pas : il pénétra en Catalogne; mais bientôt des revers, plus désastreux que ses succès n'étaient brillans, vinrent lui ôter la confiance du soldat et altérer sa santé : il remit le commandement sur la fin de 1794, et ne reparut plus que dans le commandement de Metz, en 1796. (Z.)

DORSENNE (le comte), général de division, mort en 1812.

Il s'enrôla, en 1791, dans les volontaires du Pas-de-Calais. Il fit toutes les campagnes de la révolution, y acquit de la gloire et un beau rang dans l'armée. En 1804, il était colonel du 61e. de ligne. En 1805, il obtint le rang de major des grenadiers de la garde. A Austerlitz, il se couvrit de gloire et fut fait général de brigade. La Prusse et la Pologne furent témoins de ses exploits en 1806 et 1807; Eylau le vit triompher à la tête des grenadiers de la garde. L'Espagne le vit courir à de nouveaux combats; et à Burgos, il mérita d'être commandant de la Légion-d'Honneur. La guerre d'Autriche de 1809 lui valut une nouvelle récompense : on le cita honorablement à Ratisbonne, à Essling, à Wagram, et on le vit bientôt prendre rang parmi les généraux de division. Guerrier infatigable, en 1811 il commanda en Espagne l'armée du Nord purgea la Galice, la Biscaye, la Navarre des bandes qui en troublaient la tranquillité. Tant de combats, tant de fatigues épuisèrent sa santé : obligé de quitter le service, il mourut le 24 juillet 1812. (P. P.)

Doumerc (le baron), lieutenant-général.

Entré au service dès le commencement de la révolution, il dut à sa bravoure l'honneur de commander le 9e. régiment de cuirassiers. Général de brigade en 1806, il passa divisionnaire en 1811.

A Austerlitz, à la tête de son régiment, en Prusse et en Pologne, avec une brigade, il fonda sa réputation de brave : la campagne de 1809 et celle de 1812 lui offrirent l'occasion de développer ses talens.

Au combat de la Bérézina, où il commandait une division de cuirassiers, il donna des preuves d'une valeur brillante.

La défense de son pays natal redoubla son zèle, et le combat de Vauchamp lui offrit un nouveau titre de gloire.

Le Roi l'a créé chevalier de Saint-Louis et inspecteur de cavalerie.

Doyré (*A.*), général de division.

La belle défense de Mayence en 1793 est assez connue; nommer celui qui y commandait, c'est dire assez pour sa gloire : Doyré, du

Bayet, Meunier y acquirent une gloire immortelle. Meunier, qui occupait Cassel, mourut de ses blessures; Doyré, commandant de Mayence, et du Bayet, directeur de la défense, tous deux couverts de blessures et de lauriers, furent jetés dans les cachots, après des exploits que les Romains eussent payés par une couronne *murale*. (On la décernait à celui qui, défendant une ville, avait tenu jusqu'à l'extrémité). (P. P.)

Drouet, comte d'Erlon (*J.-B.*), né à Reims en 1766.

Après avoir servi dans les armées de la Moselle et de Sambre-et-Meuse pendant plusieurs années comme aide-de-camp du général Lefebvre, il parvint, en 1799, au grade de général. Commandant d'une brigade de l'armée qui conquit le Hanovre, il se distingua, et devint divisionnaire en 1803. C'est en cette qualité qu'il fit la campagne de 1805.

En Prusse, il se distingua à Jena, battit la réserve prussienne, prit en entier le régiment de Treskow.

En Pologne, où il était chef d'état-major général du corps du maréchal Lannes, il fut honorablement cité à Friedland.

En Autriche, en 1809, il fit, sous les ordres du maréchal Lefebvre, la conquête du Tyrol.

En Espagne, où il commanda le 9e. corps, il

battit le général anglais Hill et le général espagnol Bassecourt, s'empara de Cuença, enleva de vive force le col du Maya, et rompit la ligne de bataille des Anglais au combat de Losterenia.

En 1814, créé chevalier de Saint-Louis, il obtint le commandement de la 16e. division militaire. Lors des événemens de mars 1815, il devint suspect et fut arrêté; mais le 20 mars le rendit libre, et le 2 juin il fut fait pair. A Fleurus, à Waterloo, il commandait le 1er corps et combattit vaillamment. Lors du siége de Paris, il commanda l'aile droite de l'armée française : retiré derrière la Loire après le 8 juillet, il disparut et passa, dit-on, en Amérique.

Porté sur la liste du 24 juillet, il fut condamné à mort par contumace, en août 1816. (Z.)

Drouot (*Antoine*), lieutenant-général, né à Nanci en 1774.

A seize ans, il fut jugé capable d'être admis au nombre des officiers d'artillerie, et on le dispensa d'étudier pendant deux années à l'école de Metz. Il entrait au service à cette époque où un pur patriotisme électrisait tous les Français : que ne devait-on pas attendre de celui chez lequel le talent s'unissait au courage? Des services multipliés, des traits d'une bravoure étonnante marquèrent chaque instant de sa carrière. Il parcourut tous les grades, toujours poussé à un plus élevé par une action plus glorieuse. Enfin, en 1809, il fut jugé digne d'être major de cette fameuse artillerie à pied de la garde impériale.

Depuis, dans l'artillerie légère, on le vit charger l'ennemi au galop, ou établir des batteries dans les postes les plus difficiles, et toujours avec succès.

Wagram, la Moskwa, Lutzen, Wurschen, Dresde, Wachau, Leipsick, Hanau, Nangis, Vaucler, sont des combats où il a attaché son nom par sa bravoure et ses importans services.

Il voulut partager l'exil de celui dont il avait partagé les victoires : il suivit Napoléon à l'île d'Elbe, et fut gouverneur de cette principauté. Il se livra à l'étude, et quitta à regret cette retraite pour reparaître sur la scène politique.

Pair le 2 juin, il rejoignit l'armée; et à Waterloo, il prouva qu'on peut obtenir un triomphe, même au sein de la défaite. Il rallia l'armée sous Laon, et obtint le commandement de la garde impériale, qu'il ne quitta qu'au licenciement.

Porté sur l'ordonnance du 24 juillet, il n'en contribua pas moins à régulariser le licenciement de l'armée, et vint ensuite se constituer prisonnier. Mis en jugement en avril 1816, il fut acquitté. (P. P.)

Dubois (*Antoine*), général de division.

Sous-officier avant la révolution, son courage, plutôt que son talent, le plaça bientôt à la tête des armées républicaines.

Il commandait la cavalerie à Fleurus, et s'y couvrit de gloire. Blâmé par Jourdan, quelque temps après, pour avoir ordonné une charge intempestive, il quitta l'armée et vint à Paris. Il s'y trouvait au 1er. prairial an 3, lors de la révolte du faubourg Saint-Antoine. Il commanda la cavalerie de la Convention, et contribua puissamment à réprimer les mutins.

Envoyé en Italie, il combattit et mourut à Roveredo. Blessé mortellement, il adressa ces paroles au général Bonaparte : « Je meurs pour » la République; mon seul désir est de vivre » encore assez pour voir fuir les ennemis de ma » patrie. »

Dubois-Thainville (le baron), maréchal-de-camp, né à Pont-Lévêque.

Il était bien jeune encore, lorsque le bruit des exploits des défenseurs de la patrie vint éveiller chez lui le sentiment de l'honneur. Il s'enrôla, et obtint promptement les grades inférieurs. Il fut chef d'escadron de dragons en 1803. — Major en 1805. — Colonel du 7e. de cuirassiers en 1807. — Général de brigade en 1813.

Il est peu de campagnes où il ne se soit distingué.

DUCOS (*N.*, baron).

Au service depuis les premières guerres de la révolution, général depuis 1802, c'est avec honneur qu'il servit en 1805, 1806 et 1807.

La soumission de Saint-Ander, en Espagne, fit le plus grand honneur à ses talens militaires, à son humanité, à ses connaissances administratives. A Médina del Rio Secco, où il enleva au pas de charge les positions les plus importantes, on lui dut la victoire.

DUFOUR (*G. J.*), général de division, né à Saint-Seine (Côte-d'Or) en 1758.

Soldat avant la révolution, il devint fourrier, et quitta dès-lors la carrière militaire pour entrer dans l'administration de la marine de Rochefort.

Devenu major de la garde nationale, puis lieutenant-colonel d'un bataillon de la Charente-Inférieure, il servit sous La Fayette et Desprez-Crassier. A Verdun, il refusa de signer la honteuse capitulation qui livra cette place aux Prussiens. A Bienne, à Namur, à Nerwinde, il se battit en soldat et commanda en général expérimenté, grade qu'il avait refusé.

Adjudant-général, puis général de brigade de l'armée de la Vendée, il battit Charrette, et reçut des blessures graves. Général de division en 1795, il fit des prodiges de valeur à Heidelberg, afin de rallier son infanterie qui fuyait en désordre : il chargea à la tête de sa cavalerie, rompit plusieurs escadrons ennemis, eut deux chevaux tués sous lui, reçut trois coups de sabre sur la tête, et resta comme mort sur le champ de bataille; lorsque des secours vinrent le rappeler à la vie, il eut la douleur de se voir prisonnier.

Échangé l'année suivante, il fit la belle défense d'Huningue.

Après le 18 brumaire, il commanda la 11e. division militaire, puis la 20e., et fut mis ensuite à la solde de retraite.

En mars 1815, il fut soupçonné d'être favorable à Napoléon : on le vit figurer au Champ-de-Mai, et le département de la Gironde le porta à la Chambre des Représentans. Il s'était retiré chez lui après la dissolution de cette Chambre; il y fut arrêté et conduit à l'Abbaye. Il a été depuis remis en liberté. (P. P.)

Dufresse (*S. C.*, baron), maréchal-de-camp.

Acteur avant la révolution, il en professa les principes avec chaleur. Ayant embrassé la carrière militaire, il fut adjudant-général en 1793, et bientôt général commandant le département du Nord. Il fit avec Championnet la conquête de Naples, commanda long-temps dans l'intérieur, servit en Espagne, où il commanda pendant trois ans à Valladolid. Après la retraite de Russie, Napoléon lui confia le commandement de Stettin : le général Dufresse montra dans la défense de cette place, qu'il ne remit que d'après les ordres de son souverain, courage, prudence et talent. (Z.)

DUGOMMIER, général de division, né à la Guadeloupe en 1736, mort aux frontières d'Espagne en 1794.

Entré au service à treize ans, il avait obtenu la croix de Saint-Louis et un grade honorable, lorsqu'un passe-droit lui fit quitter la carrière militaire. Retiré dans ses immenses possessions de la Martinique, l'estime de ses concitoyens l'appela au commandement en chef de la garde nationale de l'île. Il embrassa les principes réformateurs de 1789, et vint en France solliciter des secours en faveur des patriotes de la colonie. En vain il sollicita pour eux; inutilement il demanda du service pour lui-même : ce ne fut qu'en 1793 qu'il fut nommé général de brigade. Employé à l'armée d'Italie et chargé du commandement de l'aile gauche, il sauva l'armée en battant les Austro-Sardes à Gilette et à Utel. Ces combats attirèrent sur lui l'attention du Gouvernement d'alors : il fut nommé général en chef et chargé du siége de Toulon. Toulon est bientôt pris, et Dugommier est appelé à réparer nos désastres sur les frontières d'Espagne : il est général en chef de l'armée des Pyrénées-Orientales. La victoire, fidèle à Dugommier, le couronne aux Alberes, à Montesquieu, à Collioure, à Saint-Laurent de la Mouga, à Bellegarde, à Castouge : la France voit son territoire purgé des ennemis qui la souillaient ; et Dugommier médite déjà de conduire nos bataillons victorieux au sein des provinces de l'orgueilleux Espagnol. Le 17 novembre 1794, il attaque Saint-Sébastien de la Mouga, et son succès lui présageait la conquête de la Catalogne, lorsqu'il est frappé mortellement. Il expire avec la consolation de voir la victoire sourire à son dernier effort : en effet, les dernières dispositions qu'il avait ordonnées déterminèrent la défaite des Espagnols. (P. P.)

DUGUA (*C. F. J.*), général de division, né à Valenciennes en 1744, mort à Saint-Domingue en 1802.

Entré, en 1760, au service en qualité de cadet, un passe-droit lui fit, en 1776, quitter la carrière des armes : il était capitaine.

En 1790, nommé lieutenant-colonel de gendarmerie, il alla rejoindre bientôt après l'armée des Pyrénées avec le grade de colonel. Devenu général de brigade, il fut chef d'état-major, officier de l'armée de Dugommier devant Toulon. Il se distingua sous le même général à l'armée des Pyrénées-Orientales, où il commandait la cavalerie.

Appelé à l'armée de l'Ouest, Hoche se plut à donner d'éclatans éloges à un officier qui joignait à un courage intrépide, à une activité infatigable, l'expérience et la maturité d'un vieux général.

A l'armée d'Italie, en 1796, il se signala à Rivoli, à la Corona, au passage du Tagliamento. Dans l'expédition d'Égypte, à Rosette, à Chebreisse, il se couvrit de gloire; et aux Pyramides, c'est lui qui, à la tête de la cavalerie, mit les Mamelucks en déroute. Pendant la campagne de Syrie, il commanda la province du Caire, et y fit respecter le nom français. Ami des arts autant que bon guerrier, il était membre de l'Institut d'Égypte : ses recherches ont enrichi la patrie, et ses soins ont rendu de grands services au pays qu'il avait conquis. De retour en France, il fut nommé préfet du Calvados, et quitta ses administrés pour suivre le général Leclerc, comme chef d'état-major de l'armée de Saint-Domingue. Blessé de deux balles, attaqué de la maladie contagieuse qui désolait l'armée, il mourut le 16 octobre 1802.

(P. P.)

Duhesme (*G. P.*), né à Bourg-Neuf (Saône-et-Loire) en 1766, mort à Waterloo le 18 juin 1815.

Lorsque, par un mouvement spontané, toute la France s'arma, le jeune Duhesme obtint le commandement de la garde nationale de son canton.

Quand la guerre fut déclarée, en 1791, Duhesme, qui avait dirigé ses études vers l'art militaire, céda à l'ascendant qui l'entraînait et s'enrôla comme soldat dans un des bataillons de son département. Bientôt son savoir et la confiance de ses camarades l'appelèrent de nouveau au commandement : il fut fait capitaine.

Lors de la création des compagnies franches, il en sollicita et en obtint une; et bientôt Dumouriez, avec le titre de lieutenant-colonel, lui donna le commandement du 4e. bataillon franc.

Le courage, la présence d'esprit, le zèle de Duhesme fixèrent l'attention : on lui confia des postes importans. Lors de la retraite qui suivit la perte de la bataille de Nerwinde, sa fermeté conserva la discipline dans son bataillon, à une époque où toute l'armée était désorganisée.

Lorsque l'armée reprit l'offensive, quand les Autrichiens assiégeaient Valenciennes et s'emparaient de la forêt de Mormalle, si mal défendue, le lieutenant-colonel Duhesme y est envoyé, et bientôt les Français y ont l'avantage : le 6 juillet 1793, au bois de Villeneuve, les Autrichiens, après avoir éprouvé un léger échec, se présentaient avec force pour le réparer : nos grenadiers, obligés de céder, se retiraient en désordre, Duhesme vint les rallier et se porter en avant; mais il est blessé de deux coups de feu. Il voit les Autrichiens s'avancer, et une compagnie française, prête à céder le terrain, allait décider la perte de ce poste important : Duhesme, quoique blessé, y court; affaibli par la perte de son sang, il est obligé de s'agenouiller, et tenant son sabre à deux mains, il en présente la pointe à tout soldat qui veut fuir : la compagnie tient ferme, riposte à l'ennemi; les Français se rallient et les Autrichiens sont battus.

A la demande des généraux témoins de sa conduite, il fut nommé général de brigade.

En 1794, Duhesme fut fait général de division; il eut un commandement dans l'armée de

Sambre-et-Meuse, et fut appelé à commander une division destinée à agir contre les Vendéens. De là il passa à l'armée du Rhin, commandée par Moreau. Il franchit le Rhin à la tête de sa division, et contribua au succès de cette journée qui ouvrit la campagne : il y eut la main percée d'une balle. Remis de sa blessure, il courut moissonner de nouveaux lauriers : c'est sous Championnet qu'il fut de nouveau blessé et qu'il participa à la conquête de Naples.

Employé, en 1800, dans l'armée de réserve, il bloqua Pizzighitonne et le château de Plaisance, pendant que se livrait la bataille de Marengo. Il servit ensuite, sous Augereau, dans l'armée gallo-batave.

Après la paix de Lunéville, il fut créé grand-officier de la Légion-d'Honneur, et obtint le commandement de Lyon et du département du Rhône. En 1805, il eut un commandement en Italie. En 1808, il commanda une division en Espagne; et resta sans commandement jusqu'en 1812, que les désastres de Russie rendirent ses talens et son courage nécessaires.

En 1813 et 1814, il servit avec gloire.

Le Roi lui accorda la croix de Saint-Louis, et le nomma inspecteur-général d'infanterie dans la 16e. division militaire.

En 1815, lors du retour de l'Empereur, il accepta, le 2 juin, le commandement des gardes nationales mobilisées du département du Nord.

Le 18 juin, il périt de la mort des braves, à la funeste bataille de Waterloo. (P. P.)

DUHOUX, général de division.

Il fut l'un des vainqueurs de Jemmapes : c'est un titre assez beau pour n'avoir pas besoin d'autres faits qui l'inscrivent au nombre des braves. Nous ne pouvons pas cependant nous dispenser de rappeler qu'il commandait en chef à Lille en septembre 1792, lorsque 30,000 Autrichiens vinrent échouer devant cette ville importante, où la bourgeoisie rivalisa de courage avec la garnison. (Z.)

DULAULOY (*C. F. Randon*, comte), lieutenant-général, inspecteur-général d'artillerie.

Destiné au service de l'artillerie, de bonnes études développèrent ses talens, et son courage vint lui en mériter le prix.

Capitaine en 1791. — Adjudant-général en 1793. — Général de brigade en 1796, il commanda successivement l'artillerie de l'armée du Nord et celle de l'Ouest. — Parvenu, en 1803, au rang de général de division, il fit avec distinction les campagnes de 1805, 1806 et 1807. En Espagne, il contribua, le 7 août 1809, au succès d'Ozopesa. En Russie, en Saxe, il rendit de grands services. A Lutzen, il chargea à la tête de l'artillerie légère. A Wurtschen, à Wachau, à Leipsick, il se plaça parmi les généraux d'artillerie du premier ordre. Il fut conseiller-d'état et chambellan.

Le Roi lui a confié l'inspection générale des directions de Besançon, de Paris et de La Fère.

DULONG (*L. E.*, baron), maréchal-de-camp.

Il était lieutenant de hussards, lorsque, devant Ancône, il se montra honorablement. Déjà blessé deux fois, ce ne fut qu'après une troisième blessure qu'il consentit à quitter le champ de bataille. Peu après, chargé de défendre la place de Pesaro, il ne se rendit qu'après une honorable défense : lorsqu'il rejoignit l'armée, il reçut les félicitations de ses compagnons d'armes; et Napoléon, qui n'oubliait rien, l'en récompensa depuis en lui disant : « M. Dulong, j'aime les braves. » Il fut fait général de brigade en 1813.

DUMANOIR LEPELLEY (le comte).

Entré jeune dans la marine, il était lieutenant de vaisseau au commencement de la révolution. Des talens, du courage, de l'audace, lui valurent un rapide avancement. Capitaine à Trafalgar, il ne put prendre part au combat, et quelque temps après, il fut pris après une résistance opiniâtre. Rentré par échange, il fut toujours employé dans des postes honorables; à Dantzick, où il avait un commandement, il fut fait prisonnier.

Le Roi l'a fait comte, et le département de la Manche le porta, en 1815, au Corps-Législatif.

DUMAS (*Mathieu*, le comte), lieutenant-général, né à Montpellier en 1754.

Entré fort jeune au service, il était, dès 1779, sous-lieutenant au régiment de Médoc. Il fit les campagnes d'Amérique comme aide-de-camp du général Rochambeau, était colonel en 1788, et maréchal-de-camp en 1790.

Elu en 1791 à l'Assemblée législative, il s'y distingua par des principes pleins de modération; il fut un moment directeur des plans de campagne, puis proscrit par le gouvernement révolutionnaire. Appelé en 1795 au Conseil des Cinq-Cents, il en sortit au 18 fructidor, et se retira en Allemagne. Le 18 brumaire l'ayant rappelé dans sa patrie, il devint chef d'état-major de la seconde armée de réserve, avec laquelle il fit la campagne de Suisse en 1801. Appelé au conseil d'Etat, c'est lui qui présenta le projet de formation de la Légion-d'Honneur. Elevé au rang de général de division, il suivit Joseph Bonaparte à Naples, et y devint Ministre de la guerre et grand-maréchal du palais. Rappelé en France, il fut directeur-général de la conscription, intendant-général de l'armée de Russie. Après la bataille de Leipsick, il fut fait prisonnier.

Le Roi, en 1814, le fit conseiller d'Etat honoraire.

Napoléon, en 1815, le nomma directeur-général des gardes nationales du royaume.

M. Mathieu Dumas joint aux talens administratifs et militaires celui d'un écrivain sage, correct, méthodique, toujours clair, souvent élégant, quelquefois profond. Il publie, à des époques plus ou moins éloignées, le *Précis des Evénemens militaires*, ouvrage aussi recommandable par la sagesse des principes qui y sont professés, que par l'intérêt continu de la narration. Elle est fréquemment fortifiée par des aperçus neufs, et enrichie de documens authentiques qui lui donnent le plus grand prix.

(R. de W.)

Dumas (*Alexandre* Davy), né à Saint-Domingue en 1762.

Soldat en 1786, il devint bientôt brigadier. Au camp de Maulde, s'étant particulièrement distingué, il obtient une lieutenance de hussard. De nouveaux exploits le firent lieutenant-colonel, et sa belle conduite à Monviau lui valut le brevet de général de brigade en 1793. Chargé de défendre Pont-à-Marque, sa conduite ferme et courageuse lui mérita le rang de général de division et le commandement en chef de l'armée des Pyrénées-Orientales. Passé au commandement de celle des Alpes l'année suivante, il commanda à la prise du Mont-Saint-Bernard, et à celle du Mont-Cenis; il fut pourvu ensuite des commandemens de l'armée de l'Ouest, de celle des côtes de Brest, mais ses mesures trop douces le firent destituer. Il fut remis en activité, et commanda une division à l'armée des Alpes, puis à l'armée d'Italie : il se distingua au blocus de Mantoue, puis dans l'invasion du Tyrol à Tramin, à Inspruck, et mérita le commandement en chef dans cette contrée : il fit encore partie de l'armée d'Orient, et s'y distingua. Forcé de rentrer en France pour cause de maladie, et obligé de relâcher dans un port du royaume de Naples, il y fut retenu prisonnier, et y resta plus de deux ans dans la plus dure captivité. Rentré dans sa patrie, il obtint un commandement dans l'intérieur. (Z.)

Dumerbion, général de division.

Après d'honorables services rendus au royaume de France, il servit avec enthousiasme la République française. Maréchal-de-camp en 1791. — Général de division en 1792, il fut nommé commandant en chef de l'armée d'Italie; il eut de brillans succès. Son âge avancé, sa santé affaiblie par de longues fatigues, rendirent sa retraite indispensable. Il mourut en 1795.

DUMONCEAU (comte de *Bergendal*), lieutenant-général.

Il avait embrassé la profession de tailleur de pierres; mais le bruit des armes éveilla ses inclinations guerrières, et il jeta le ciseau pour se saisir de l'épée.

Devenu officier, son intrépidité le fit promptement parvenir au rang de colonel, et en 1793 il fut général de brigade. En cette qualité, il seconda Souham en Brabant, Pichegru en Hollande.

Lors de la formation de la République batave, il passa à son service, combattit les Anglo-Russes en 1802 et en 1805, rejoignit l'armée française en 1806, et se distingua en plusieurs occasions. Il commandait en 1807 les troupes hollandaises auxiliaires. Depuis, naturalisé hollandais, il commanda à Amsterdam. Lors de la réunion de la Hollande, il devint général de division. En 1812, il commanda dans les villes anséatiques. En 1813, il faisait partie du corps d'armée de Vandamme, et sauva, par une manœuvre habile, sa division prête à être détruite à Culm. Il est encore au nombre des lieutenans-généraux dont la bravoure et les talens font la gloire de la nation. (P. P.)

DUMOURIEZ (*Charles-François*).

Les historiens de la révolution semblent s'être donné Dumouriez comme un problême à résoudre. Distraction faite de l'opinion intéressée de chaque parti qui a tour-à-tour préconisé et diffamé cet homme, on a cherché dans sa conduite les motifs les plus opposés à son caractère. Au lieu de le juger par les effets, on a prétendu démêler les causes, et l'on s'est égaré dans les subtilités des conjectures, au lieu de marcher au fil des événemens. Ce sont eux cependant qui expliquent Dumouriez. Était-ce un politique profond, un général expérimenté, un machinateur adroit? Rien de tout cela : de l'esprit sans génie, des idées sans enchaînement, des projets et point de plan, du courage et pas de constance : voilà cet homme trop et trop long-temps fameux. Les passions avaient enflé ses deux réputations; le temps, qui remet tout à sa place, doit lui en assigner une permanente; et quand la froide postérité lira sa vie, elle dira : Ce fut un ambitieux maladroit, qui, au lieu d'aller au grand par le génie et le caractère, a tout rapetissé par l'intrigue. Il a fini par perdre dans l'obscurité un nom qui avait fatigué la renommée, à peu près comme ces torrens de courte et bruyante existence, dont quelques sables absorbent les eaux, et qui ne laissent pas même de nom après eux.

Ce n'est qu'à titre de soldat et de général que Dumouriez doit tenir une place dans cette galerie. Personne ne lui refusa jamais des talens variés, une facilité prodigieuse, une merveilleuse activité. C'était une tête pleine de ressources, dont un jugement plus sain eût fait un meilleur emploi. On n'ajoute pas qu'il fut brave : il était Français, commandait à des Français, et n'aurait pas son nom écrit dans ce petit Panthéon du courage, s'il en avait manqué. Rappelons quelques faits.

A dix ans, il méditait les *Commentaires* de César ; à dix-huit, il servait dans un régiment d'infanterie ; à vingt-deux, il avait reçu vingt-deux blessures et la croix de Saint-Louis.

Après avoir parcouru et étudié les peuples étrangers, il revint en France, où il s'appliqua à la diplomatie, sans toutefois oublier que, dans un guerrier, elle n'est qu'un de ses moyens de servir et quelquefois de maîtriser l'État. Les campagnes de Corse, en 1768 et 1769, lui méritèrent le grade de colonel.

Chéri du duc de Choiseul, protégé par

Louis XV, il obtint une mission secrète en Pologne, où il était chargé de défendre les prétentions de la France. De Cracovie, où il fit des miracles de valeur, il écrivait au roi et au ministre des lettres qui faisaient aimer l'homme spirituel dans le guerrier courageux.

Le marquis de Montaynard lui donna une mission relative à la révolution de Suède. A la disgrace de ce ministre, d'Aiguillon, la créature de la Dubarry, exila le capitaine diplomate. Louis XVI, plus juste, le fit juger. En 1778, nommé au commandement de Cherbourg, rétabli pour lui, il démontra l'inutilité des travaux entrepris dans ce port. Le Roi, lors de son voyage, le fit maréchal-de-camp.

La révolution éclate. Dumouriez voit dans les fureurs qu'elle déploie des moyens de fortune, il les caresse, il les embrasse, il les exagère. Sans pudeur politique, qui croirait qu'il ne rougit pas de rivaliser Marat? Hâtons-nous d'ajouter cependant que cette démence révolutionnaire était calculée; que dans Dumouriez, elle ne fut qu'un moyen, tandis qu'elle semblait un but dans les jacobins *rouges* (1).

---

(1) Depuis, il a paru une secte de révolutionnaires qui, sous une couleur pure, a montré des principes fous

Quelques insurrections dans son commandement précipitèrent son rappel. Les partis étaient décidés à Paris, et déjà les factions, grondant depuis long-temps, se menaçaient. Dumouriez les flatte toutes et les trompe. Il est porté au ministère des affaires étrangères, où toutes ses ruses ne purent le maintenir contre des tiraillemens opposés.

A la mort de l'infortuné Louis XVI, Dumouriez, qui avait repris son grade à l'armée, dénonce les généraux et accuse La Fayette. Les Jacobins honoraient celui-ci de toute leur haine; ils exaltent Dumouriez, et l'intrigant succède au héros homme de bien.

Verdun et Longwy étaient pris, et les Prussiens, pénétrant dans les plaines de la Champagne, menaçaient Paris. Dumouriez rassemble à Grand-Pré nos vieilles bandes et nos jeunes bataillons. C'est à Valmy que ses talens et le courage de Kellermann cueillent le premier laurier. On sait que la retraite des Prussiens fut l'utile fruit de cette victoire; retraite que l'astuce ménagea, qui s'exécuta avec une bonne foi

---

et des âmes atroces. L'auteur de cet article (*M. Regnault de Warin*) est le premier qui les ait désignés sous le nom caractéristique et bientôt fameux de JACOBINS BLANCS. *Voyez* l'ouvrage publié en 1815, sous le titre de *Cinq Mois de l'Histoire de France*, un gros vol. in-8°.

apparente, mais qui nous valut vingt années de rancune, et après d'immortelles victoires, un revers cruel, quoique l'honneur l'ait encore ennobli.

Le territoire de la patrie nétoyé d'ennemis, Dumouriez, Kellermann et tous ces héros qui, depuis, ont tracé de leur sang, sur toutes les forteresses européennes, leur nom valeureux, préparent la première expédition de la Belgique, dont Jemmapes leur ouvre les portes.

C'était, en effet, de redoutables barrières que ces bois, ces montagnes, ces hauteurs sourcilleuses dont la nature avait fait des remparts, dont l'art fit bientôt des forteresses. En conduisant à leur pied ses cohortes déjà victorieuses à Boussu, Dumouriez leur dit ces paroles mémorables : « Voilà Jemmapes, et voilà » l'ennemi! L'arme blanche et la terrible » baïonnette, voilà la tactique nouvelle! Mar» chons! » Dans cette harangue prophétique, semblent écrits tous les rêves de notre gloire et tous les nouveaux destins de l'Europe.

Des avantages avaient préludé à la journée de Jemmapes qui fut chaude et décisive. Quarante redoutes hérissées de grosse artillerie protégeaient des hauteurs qui semblaient inaccessibles : ces hauteurs furent gravies avec enthousiasme, ces redoutes emportées à la baïonnette. Toute l'armée donna; et tous les points, d'abord attaqués en détail, le furent par un mouvement général. Les grenadiers, le sabre au poing, escaladèrent le redoutable mont Parizel, qui tomba devant cette arme irrésistible dans les mains de la bravoure. Plus de trente mille hommes, fuyant éperdus, montrèrent aux Français, ivres d'un tel succès, la route de Mons : cette ville ouvrit ses portes au vainqueur.

Tous les Pays-Bas sont envahis. Valence, d'un côté, Dumouriez, de l'autre, occupent Aix-la-Chapelle et la Meuse, dont soixante-dix mille hommes tenaient les bords. Avec un plan sagement combiné, Dumouriez s'emparait de tout le pays entre la Meuse et le Rhin, et chassait au-delà de ce dernier fleuve les coalisés retranchés alors à Coblentz, à Trêves, à Luxembourg.

Mais le rôle de général convenait-il à un brouillon qui faisait de la victoire une spéculation politique, et des conquêtes la garantie de ses projets? Il paraît que tantôt il eut celui de sauver le Roi, un peu plus tard, celui de renverser la tyrannie des jacobins, plus tard encore, celui d'employer ces mêmes jacobins à la destruction de la Convention. Pendant ces manœuvres, plus révolutionnaires que politiques, il perdit la bataille de Nerwinde; et de cette époque, suspect dès long-temps au parti dominateur, il finit par en être proscrit. C'est alors qu'il fit arrêter et livra au prince de Cobourg les commissaires de la Convention et le ministre de la guerre Beurnonville, qu'il appelait son ami. Après cette lâcheté, il tenta de faire marcher sur Paris et contre la Convention l'armée qu'il avait conduite au triomphe; mais il en fut abandonné. Honteux et désespéré, il ajouta à sa honte et ne calma pas son désespoir en fuyant vers ces ennemis, qu'il avait dit vouloir servir et qui le rejetèrent. Il termina par le plus bas des crimes l'indigne moitié d'une vie, dont la première ne fut pas sans honneur : associé aux ennemis de sa patrie, il les aida de ses lumières, et dirigea en quelque sorte le poignard dont sa vengeance avait armé leurs mains rivales. Il mourut en 1811, au moment où les fautes d'un autre général, devenu chef de l'État, servaient mieux Dumouriez que ses combinaisons vindicatives. Après Jemmapes, il eût été digne qu'on écrivît son histoire; depuis, il a mérité qu'on s'amusât de ses aventures. Il était né à Cambrai le 27 janvier 1739. (R. DE W.)

DUMOUSTIER (P., comte), lieutenant-général, né à Saint-Quentin en 1771.

Il entra au service comme soldat en 1793, et

parvint de grade en grade au rang de colonel : il obtint le commandement du 34e. de ligne, et ce fut à la tête de ce régiment qu'il fit les campagnes de 1805 et 1806, et qu'il mérita d'être nommé général de brigade. En Prusse et en Pologne, il fut souvent honorablement cité; en 1809, la campagne d'Autriche lui valut de nouveaux lauriers. Envoyé en Espagne, à la tête de la jeune garde, il y servit jusqu'à ce que nos désastres eussent rendu sa présence nécessaire dans le nord. A Lutzen, à Wurschen, il se couvrit de gloire, et à Dresde il reçut d'honorables blessures. Il obtint sa retraite en 1814, et fut porté à la Chambre des Représentans en 1815.

Dumuy (*J. B. L. P.*, comte), lieutenant-général, né à Ollières (Var) en 1751.

Neveu et héritier du maréchal-de-camp Dumuy, ministre de la guerre sous Louis XVI il dut à cette protection de parvenir rapidement à l'honneur de commander le régiment de Soissonnais. Envoyé avec ce régiment en Amérique, il prouva alors que ses talens et son courage étaient à la hauteur du rang où la faveur l'avait placé. Il revint en France, décoré de l'Ordre de Cincinnatus; et en 1788, il fut nommé maréchal-de-camp. En 1789, il eut un commandement dans le Midi. — Général de division en 1792, il fit les campagnes de 1792 et 1793 et fut destitué comme noble. Remis en activité sous le titre d'inspecteur d'infanterie en 1795, il servit en Italie et en Allemagne : il suivit Napoléon en Egypte, et y organisa la légion nautique. Il fut fait prisonnier en revenant en France. Mis en liberté sur parole, puis échangé, il obtint le commandement de la 21e. division militaire, passa à la 22e., et y resta plusieurs années.

En 1805, il reprit du service actif; en 1806, il fit le siége de Neiss, et obtint le commandement général de la Silésie. A la paix, il rentra en France, et a toujours eu des commandemens importans dans l'intérieur.

DUPAS (le comte), lieutenant-général.

Garde national de Paris en 1789, il embrassa avec chaleur les principes qui amenèrent la révolution. Né en Savoie, il fit partie de la Légion des Allobroges, et en devint lieutenant-colonel. Après quelque temps de service, il passa chef de bataillon dans le 27e. régiment d'infanterie légère, et alla rejoindre l'armée d'Italie. A Lodi, ce fut son intrépidité qui décida une partie du succès; à Mantoue, Bonaparte le cita comme un des plus braves officiers de l'armée d'Italie.

Il devint officier supérieur de la garde des consuls et général de brigade en 1800.

Son sang froid et son courage à Austerlitz lui méritèrent d'être admis au rang de général de division. Friedland vint attacher un nouveau rameau à la couronne de laurier que la patrie doit aux braves.

Il commanda depuis la 32ᵉ. division militaire, et s'est retiré du service depuis les événemens qui ont renversé l'Empire. (*Z.*)

Dupetit-Thouars (*A.*), né près de Saumur en 1760, mort dans la rade d'Aboukir en 1798.

Sous-lieutenant dans un régiment d'infanterie à seize ans, il obtint de passer dans la marine à dix-huit. La bravoure et les talens qu'il montra au combat d'Ouessant, à celui de la Grenade, et dans plusieurs autres affaires, le firent parvenir au commandement du *Tarléton*.

Il conçut alors le projet de rechercher Lapeyrouse. Son jeune frère, officier d'infanterie, partagea son projet : ils vendirent tout ce qu'ils avaient pour subvenir aux frais, et partirent en août 1792. Après d'assez longues recherches leur vaisseau échoua sur les côtes du Brésil, et ils restèrent en captivité contre le droit des gens qui doit porter à respecter quiconque se voue aux progrès des arts et des sciences.

Rendu à la liberté, il rentra en France, obtint le commandement du *Tonnant*, fit partie de l'expédition d'Egypte, combattit et mourut au combat naval d'Aboukir le 1er. août 1798. Coupé par un boulet et vivant encore, quoique n'ayant plus que le tronc, il fit jurer à son équipage de ne point rendre le vaisseau, et lui commanda de jeter ses restes à la mer, afin qu'il n'expira point prisonnier de l'Angleterre.

Duphot (*L.*), général de brigade, né à Lyon en 1770.

Entré au service comme soldat, il montra une rare intrépidité. Au siége de Figuières, il fit des prodiges de valeur, tua de sa propre main un général espagnol, et fut fait adjudant-général sur les ruines même des fortifications. Employé depuis en Italie, il se distingua plusieurs fois encore, et fut tué dans l'émeute qui éclata à Rome en 1798 (7 nivose an 6).

Dupont de Chaumont (*P. A.*, comte), lieutenant-général, né en 1761 à Chabanois (Charente).

En 1777, sous-lieutenant dans le régiment de la Fère, il se distingua par son application à l'étude de la tactique, et bientôt, quoique fort jeune encore, il fut choisi pour diriger l'instruction de son régiment.

Il devint successivement aide-de-camp des généraux La Fayette et d'Aumont, et ayant obtenu le 24e. régiment d'infanterie, et le grade d'adjudant-général, il se distingua éminemment à la bataille de Jemmapes. Élevé au rang de général de brigade, et pourvu du commandement de Douai, il conserva la place et empêcha, par de fréquens combats, les Autrichiens d'en approcher. Devenu inspecteur-général, l'armée qu'il surveilla recueillit le fruit de ses connaissances : des améliorations sensibles eurent lieu partout où il passa. Il devint, après le 18 brumaire, commandant de la 14e. division militaire, puis de la 27e. Envoyé en Hollande lorsque Louis Bonaparte y régnait, ce fut le comte Dupont qui dirigea, dans ce royaume, tout ce qui concernait les troupes de terre. Rentré en France lors de la réunion, il occupa depuis plusieurs commandemens importans.

Le Roi le nomma, en 1814, inspecteur-général d'infanterie, et lui confia la direction de l'école militaire de La Flèche.

Dupont de l'Étang (le comte), lieutenant-général, né à Chabanois (Charente) en 1766.

Frère du général Dupont de Chaumont, il suivit, très-jeune encore, le maréchal de Maillebois en Hollande, pour servir dans la

Légion française qui se préparait à défendre les États-Généraux contre Joseph II. Cette légion ayant été licenciée, le jeune Dupont prit du service dans l'artillerie hollandaise.

Les événemens de 1789 le rappelèrent dans sa patrie; en 1792, il était aide-de-camp de Théobald Dillon; il fut blessé à la déroute de Tournai; on le crut mort, mais bientôt il reparut, et l'Assemblée nationale rendit un décret qui autorisait le Roi à le décorer, quoiqu'il n'eût pas l'âge requis. Rentré après sa guérison dans les rangs de l'armée, il se distingua de nouveau à Valmy et au combat des Ilettes. Envoyé à l'armée du Nord comme adjudant-général, les services qu'il rendit l'élevèrent au généralat. Il se distingua par la défaite du prince d'Orange à Menin.

Il fut, en 1795, conjointement avec le général Clarke, employé par Carnot au bureau topographique; à la suppression de ce bureau, il fut nommé général de division et directeur du dépôt de la guerre.

Employé, après le 18 brumaire, dans l'armée d'Italie, il contribua puissamment au gain de la bataille de Marengo; il occupa, avec l'aile droite de l'armée, le grand-duché de Toscane, et soutint, au passage du Mincio, le choc de 45,000 hommes avec les trois divisions

Pino, Monnier et Watrin, fortes à peine de 10,000 hommes.

En 1805, à Austerlitz, en 1806 et 1807, à plusieurs autres combats, il soutint sa haute réputation.

Envoyé en Espagne, il y obtint d'abord quelques succès, mais cerné à Baylen, il signa cette fameuse capitulation, si blâmée par Napoléon et justifiée par tant d'autres généraux. Depuis cette époque, le général Dupont tomba dans une éclatante disgrace; mais, en 1814, le Roi lui confia le ministère de la guerre, qu'il quitta sur la fin de l'année. Il est aujourd'hui pair de France, ministre d'état et membre du conseil privé. (Z.)

DUPUY (*Dominique*), général de brigade, né en 1764 à Toulouse, mort en Égypte le 21 octobre 1798.

Soldat en 1783, il obtint son congé en 1790, et entra alors dans les dragons de la garde nationale de Toulouse. Nommé l'année suivante lieutenant-colonel du 1er. bataillon de la Haute-Garonne, il rejoignit l'armée des Pyrénées-Occidentales. Envoyé ensuite à l'armée des Alpes, il y devint aide-de-camp du général Brunet. S'il partagea ses travaux et ses lauriers, il partagea sa disgrace : destitué avec son général, il fut condamné à être détenu jusqu'à la paix; mais bientôt réintégré dans ses grades, il rejoignit l'armée d'Italie et devint chef de brigade. Après le 9 thermidor, il fut encore incarcéré; mais le général Bonaparte ayant demandé à l'avoir dans son armée, Dupuy fut remis à la tête de sa brigade. Dego et Caldero le virent cueillir des lauriers, et Milan le reçut pour gouverneur.

En Égypte, il fut fait général de brigade et commandant du Caire; lors de la sédition qui éclata dans cette ville, il reçut deux blessures mortelles, et mourut victime d'un zèle qu'animait son courage, mais que ne tempérait pas la douceur.

Duroc, duc de *Frioul* (*G. C. M.*), né à Pont-à-Mousson en 1772, mort à Bautzen en 1813.

Élève de l'école militaire, il fut sous-lieutenant d'artillerie en 1792. — Capitaine en 1794. — Aide-de-camp du général Lespinasse en 1796, et ensuite du général Bonaparte. Il passa en Égypte chef de bataillon, et revint en France général. Après le 18 brumaire, il fut chargé d'une mission près du roi de Prusse; après Marengo, Bonaparte l'envoya à Vienne, et ensuite en Russie. Le général Duroc eut tout le succès qu'on devait attendre de ses talens; et Napoléon, qui en avait fait son ami, le nomma général de division, gouverneur des Tuileries, enfin grand-maréchal du palais. Il suivit l'empereur dans toutes ses campagnes; il s'était distingué, en Italie, au passage des gorges de la Brenta, au passage de Lizonzo, à la prise de Gradisca,

Il partagea les lauriers cueillis en Égypte, et fut blessé au siége de Saint-Jean-d'Acre.

Dans la campagne de Marengo, il donna de nouvelles preuves de valeur.

En 1813, le 22 mai, il fut tué par un boulet dans les champs de Bautzen, et mourut entre les bras d'un homme à qui, du moins cette fois, l'amitié n'eut pas à reprocher d'avoir été insensible ou du moins infidèle. (P. P.)

Duranteau de Beaune (L.), né à Bordeaux en 1747.

Sous-lieutenant au régiment de Médoc en 1769. — Lieutenant en 1772. — Capitaine en 1784.

Il fit toutes les campagnes d'Italie et se distingua, dans le comté de Nice, au combat des hauteurs du Moulinet : il y fut grièvement blessé. De nouveaux lauriers lui furent offerts à la Brenta, à Caldero, à Saint-Michel, à Arcole, où il fut blessé et obtint le grade de chef de bataillon : Rivoli, la Favorite vinrent lui donner l'occasion de justifier l'estime que lui portait l'armée et son général.

Dans la campagne d'Égypte, Duranteau attacha son nom à la prise de Malte et à celle d'Alexandrie, aux batailles de Chebreisse et des Pyramides. Devenu général de brigade, il obtint une gloire immortelle à la défense du quartier-général au Caire : avec 200 hommes, il tint deux jours entiers, et dans une maison sans défense, contre toute la ville du Caire révoltée. Il fut secouru à temps et sauva ce poste important. Tout éloge est au-dessous d'une aussi belle conduite. (Z.)

DUROSNEL (le comte), lieutenant-général.

Un goût décidé pour la carrière militaire, un courage héroïque et des études constantes firent avancer promptement le comte Durosnel. A Austerlitz, où il se signala, il fut élevé au rang de général de brigade. A Jena, il fit une charge avec tant de précision et d'intrépidité, qu'il décida la défaite des Prussiens sur la ligne où il l'exécuta. Pendant le reste de la campagne et durant la suivante, on vit souvent son nom briller au milieu de ceux qui méritèrent des éloges.

Dans la campagne de 1809, il devint général de division. Au combat d'Essling on le crut mort; s'étant trop avancé, il fut blessé grièvement, et on apprit avec chagrin qu'il était prisonnier.

Devenu gouverneur de Dresde en 1813, il ne rentra en France qu'après la chute de l'Empire.

Pair de l'Empire en 1815, il commanda en second la garde nationale de Paris.

DURUTTE (le comte), lieutenant-général.

C'est un des généraux dont la carrière militaire commença avec la révolution, et qui ne se reposa qu'après la restauration. Sous la république, il parcourut tous les grades; et lors de l'élévation de Napoléon au trône impérial, le comte Durutte devint général de division.

Commandant de la 10e. division militaire, il fit chérir son autorité.

Commandant d'une division de l'armée d'Italie, il se rendit redoutable à l'ennemi.

Au commencement de 1813, il protégea la retraite de l'armée, et couvrit Dresde tant qu'il ne craignit pas d'être écrasé par des forces supérieures.

Après la bataille de Lutzen, il prit le commandement d'une division saxonne; il se couvrit de gloire à Leipsick, tant par son courage que par son sang froid et ses sages mesures, lorsque les Saxons, quittant ses drapeaux, tournèrent leurs armes contre lui.

Le Roi lui confia, en 1814, le commandement de Metz et de la 3e. division militaire.

DUTAILLIS (le comte), lieutenant-général.

Partout où les armes françaises eurent des ennemis à combattre, le comte Dutaillis cueillit des lauriers. L'Italie, la Hollande, l'Autriche, la Prusse, la Pologne le virent à la tête des bataillons français. Il commanda à Munich en 1809, à Varsovie en 1812, et à Torgau en 1813 et 1814 : il y succéda au comte de Narbonne, et ne rendit cette dernière place que d'après les ordres du Roi.

E.

ÉBLÉ (*J. B.*, baron), général de division, né à Saint-Jean-de-Rorbach (Moselle) en 1759, mort à Kœnigsberg en 1813.

Une éducation soignée développa ses talens naturels, et l'expérience vint les rendre utiles à sa patrie : il devint un des meilleurs généraux d'artillerie de France.

Au sortir de l'école de Metz, il entra dans un régiment d'artillerie, et fut un des officiers envoyés dans le royaume de Naples pour réorganiser l'armée de ce pays. Rentré en France en 1792, malgré les offres brillantes que le ministère napolitain lui faisait, il vint reprendre son rang dans son régiment, et bientôt il fut général de brigade. Hondscoote et Watignies lui méritèrent le rang de divisionnaire. Après avoir, en 1794, muni l'armée du Nord d'une artillerie formidable, il dirigea les siéges d'Ypres, de Nieuport, de l'Écluse, de Bois-le-Duc, de Crêvecœur, de Nimègue, de Graves. Directeur de l'artillerie de l'armée de Rhin-et-Moselle, il partagea la gloire qui immortalisa les braves défenseurs de Kelh. Depuis, l'Italie, Naples, la Bavière, devinrent encore le théâtre de sa gloire. Il devint inspecteur général d'artillerie, et occupa toujours des postes importans.

En Espagne, le siége de Ciudad-Rodrigo lui fit beaucoup d'honneur.

En 1812, à la campagne de Russie, il était commandant directeur de tous les équipages de pont de l'armée. Il se distingua éminemment à la bataille de Smolensk. Il ne put résister aux fatigues de cette terrible campagne, et mourut le 2 janvier 1813.

Il a été ministre de la guerre du royaume de Westphalie, et colonel des gardes-du-corps de Jérôme. (P. P.)

Elbecq (*P. J.*, comte d'), général de division.

Une naissance distinguée lui procura un avancement rapide, sous un gouvernement où l'on supposait du talent à celui qui comptait des aïeux. M. d'Elbecq, que la confiance publique envoya aux États-Généraux, voulut prouver que la faveur seule ne l'avait pas porté aux grades qu'il occupait. Il sollicita du service, et en 1792, il fut envoyé à l'armée du Nord : s'y étant fait remarquer, il fut appelé l'année suivante à commander l'armée des Pyrénées-Orientales. Il n'eut pas le temps de s'y distinguer : la mort l'enleva le 13 septembre à son armée et à sa patrie. (Z.)

Élie (*J. J.*), lieutenant-général.

Il fut un des héros de la journée du 14 juillet, et ses compagnons le proclamèrent vainqueur sur les ruines de la Bastille : peut-être cette journée fut-elle une des plus belles de sa vie, car il eut le bonheur de sauver la vie à plusieurs victimes des fureurs populaires.

Employé dans les armées républicaines, il devint général de division, fut vainqueur en plusieurs occasions, et une fois battu devant Philippeville.

En 1797, il était gouverneur de Lyon, et en 1798, il demanda et obtint sa retraite.

Émeriau (*M. J.*, comte), vice-amiral, né à Carhaix (Finistère) en 1762.

A dix-sept ans, il fut fait lieutenant de frégate auxiliaire, pour sa belle conduite au siége de Savanah. La guerre d'Amérique fut pour lui une suite de combats et de triomphe : il assista à douze affaires et reçut trois blessures. Sous-lieutenant de vaisseau en 1786, il fut lieutenant de vaisseau en 1791. En 1792, la guerre éclata, les combats recommencèrent, et bientôt il fut vice-amiral.

A Aboukir, où il reçut deux blessures, il se défendit contre quatre vaisseaux anglais, et désempara leur vaisseau amiral.

En 1802, il commanda une expédition pour Saint-Domingue, et sauva le Port-au-Prince, assiégé par Dessalines.

A son retour en France, il commanda l'aile droite de la flotille.

En 1803, il devint préfet maritime de Toulon, et le fut jusqu'en 1811. A cette époque, il passa au commandement de l'escadre de ce port, forte de vingt-deux vaisseaux de ligne et d'un grand nombre de frégates. Cette superbe flotte avait, en grande partie, été formée par les soins de M. le comte Émeriau. Pendant trois ans qu'il la commanda, il protégea le commerce de Toulon, facilita l'entrée de quatre-vingts riches convois et n'éprouva jamais la moindre perte, quoiqu'il eût toujours devant lui une flotte anglaise supérieure à la sienne. En 1814, la flotte anglaise, ayant 22,000 hommes de débarquement, menaça Toulon d'une attaque : sa prévoyance et son talent en imposèrent aux Anglais, et il conserva à la France sa plus belle flotte, un arsenal bien garni et un port important.

Aussitôt qu'il connut les événemens de 1814, il arbora le drapeau blanc, ôta par là aux Anglais tout prétexte de demander à entrer dans le port. Le Roi le créa chevalier de Saint-Louis et le fit membre de plusieurs commissions.

En 1815, Napoléon le nomma pair; mais il ne prit aucune part aux délibérations de la Chambre haute. (Z.)

Ernouf (le comte), lieutenant-général, né à Alençon en 1742.

Meilleur administrateur que bon général, il commanda peu, mais fut souvent employé dans les états-majors.

Il fut, en 1791, quartier-maître du 1er bataillon de l'Orne.

Ami de Jourdan, il lui dut son avancement, et fut adjudant-général en 1792, général de brigade en 1793 et divisionnaire au commencement de 1794. Il était à Fleurus chef d'état-major, fonction qu'il exerça les années suivantes.

Il était, en 1797 et 1798, directeur du dépôt de la guerre.

En 1799, Jourdan l'appela auprès de lui pour remplir les fonctions de chef d'état-major de son armée, et après la déroute de Storbach, il lui laissa le commandement. Le comte Ernouf ne put réparer la défaite ni éviter de nouveaux revers : il quitta l'armée, qu'il ne pouvait sauver, et rentra en France. Quelques plaintes s'étant élevées contre lui, sa conduite fut examinée et approuvée. En 1801, il fut inspecteur de l'armée de l'Ouest ; en 1802, il passa à celle d'Italie ; et en 1803, il fut capitaine-général de la Guadeloupe. Il y resta jusqu'à ce qu'il fut obligé de capituler avec les Anglais. Rentré en France, il fut accusé de dilapidations et d'actes arbitraires : il allait être jugé, lorsque la chute de l'empire le rendit à la liberté.

En 1814, il fut chevalier de Saint-Louis, et obtint un commandement dans le Midi. En 1815, il se rangea parmi les généraux qui furent de l'armée du duc d'Angoulême, et le suivit hors de France, où il rentra après le 8 juillet.

Espagne, général de division.

Il entra au service à cette époque où le patriotisme et les dangers de la France arrachèrent à des professions utiles une multitude de Français pour les précipiter dans le tumulte des camps. D'Espagne sortit bientôt de la foule, et des grades honorables vinrent bientôt récompenser de grands talens et un courage peu ordinaire.

Général de cavalerie du premier mérite, il commanda une division de chasseurs à cheval en Italie en 1805; une de dragons, dans le royaume de Naples, en 1806; une de cuirassiers, en 1807, en Prusse, où il se distingua au combat de Heilsberg; il y fut même grièvement blessé. La campagne de 1809 mit le comble à sa gloire; mais il périt sous les lauriers qu'il cueillit : le 6 juillet, il fut emporté par un boulet à la bataille de Wagram. (P. P.)

Estève (*J. B.*, baron), maréchal-de-camp.

Il entra très-jeune dans la carrière des armes, et ce fut par des traits de bravoure qu'il mérita tous ses grades.

Devenu major de la garde de Paris, il en commanda le bataillon qui fut envoyé en Espagne, et mérita bientôt d'être colonel.

En 1810, il battit le général Bassecourt, et lui enleva son artillerie; peu après, il enleva le fort de Villena avec une promptitude qui déconcerta les combinaisons de l'ennemi.

En 1813, il fut mis à la tête du 4e. régiment des voltigeurs de la garde; et le 18 juin, il fut élevé au rang de général. Il fit la campagne de France avec distinction, et le Roi le fit chevalier de Saint-Louis en 1814.

EUGÈNE DE BEAUHARNAIS (le prince), né en septembre 1780.

Un mot caractérisera le prince Eugène : il porta la probité dans la fureur des combats, et la conscience dans les mystères de la politique. Dans son gouvernement, il mérita l'amour; comme général, il obtint l'admiration; partout et de tous il conquit l'estime. Un coup-d'œil rapide sur son honorable carrière va justifier ce sobre et véridique éloge.

Né en 1780, du vicomte de Beauharnais et de Joséphine Tascher de la Pagerie, il était encore adolescent quand son père mourut sur l'échafaud.

Madame de Beauharnais ayant épousé le général Bonaparte, Eugène devint son aide-de-camp. Il le suivit en cette qualité, et se distingua en Italie et en Égypte.

Au retour de cette expédition, il fut nommé chef d'escadron des chasseurs de la garde, et bientôt après commandant en chef.

Il accompagna constamment dans tous ses voyages Napoléon, devenu consul temporaire, consul décennal, consul à vie, empereur. Alors Eugène, élevé à la dignité de prince français, fut successivement nommé archi-chancelier d'état, grand-officier de la Légion-d'Honneur et vice-roi d'Italie. Après avoir secondé puissamment les desseins de son beau-père contre l'Autriche, il contribua à la paix de Presbourg, à la suite de laquelle il épousa la princesse Augusta de Bavière. Peu de temps après, il fut déclaré fils adoptif et héritier de l'empereur Napoléon, puis prince de Venise.

Il administra les états d'Italie avec une sagesse et, en quelque sorte, avec une maturité d'expérience, qui lui méritèrent l'amour et l'estime. Bientôt il déploya, dans le commandement supérieur des armées, un talent qu'on ne supposait pas si facile à concilier avec le courage brillant qu'il avait montré lors de ses premières campagnes.

A la reprise des hostilités en 1809, il marcha avec autant d'intelligence que de rapidité contre les Autrichiens, qu'il battit, le 8 et le 25 mai, sur la Piave et près de Léoben; opéra, par une manœuvre également simple et habile, sa jonction avec la grande armée; pénétra en Hongrie, et gagna, le 14 juin, la célèbre bataille de Raab contre les archiducs. Il contribua au succès de la journée de Wagram, où il se fit remarquer par son sang froid et son intrépidité.

Cette même année, siégeant au Sénat pour la première fois, il y vit prononcer la dissolution du mariage de l'impératrice sa mère avec Napoléon, et montra, dans cette circonstance critique, une modération, une résignation qui achevèrent de lui gagner la considération générale.

En mars 1810, il fut déclaré grand-duc de Francfort.

La campagne de Russie fut pour lui une source d'illustration nouvelle et de calamités jusqu'alors inéprouvées. Commandant du quatrième corps, il fit à sa tête des prodiges de valeur aux combats d'Ostrowno et de Mohilow, à la bataille de la Moskwa, et surtout dans la retraite, où d'ailleurs il excita l'admiration et la reconnaissance du soldat par ses soins, son dévouement, ses attentions bienveillantes pour le moindre individu de l'armée, dont il partagea toujours les privations, les souffrances et les dangers. On le vit souvent, dit un historien, faire l'arrière-garde avec un fusil sur l'épaule; et c'est à lui et au maréchal Ney que l'on dut la conservation des illustres débris de cette déplorable campagne.

Chargé du commandement en chef après le départ de Murat, le prince Eugène fit sa retraite en bon ordre, défendit le terrain pied-à-pied, fut encore vainqueur quelquefois, et ne rentra en France que quand sa présence fut devenue inutile à l'armée.

Il reparut en 1813 à la bataille de Lutzen,

où il commandait la gauche, et où il déploya sa bravoure et ses talens accoutumés.

Rentré en Italie pour y diriger les opérations contre les Autrichiens, il les battit d'abord à Laybach, dont il s'empara, défendit ensuite l'Italie contre eux en janvier et février 1814, et les en aurait chassés, sans l'incroyable et lâche défection de Murat, qui produisit une diversion inattendue en leur faveur. Forcé de conclure un armistice avec le comte de Bellegarde, le prince Eugène se retira d'abord à Munich chez le roi de Bavière, son beau-père, assista au congrès de Vienne en 1814, quitta cette ville lors des événemens de 1815, et se retira à Bayreuth, où il vécut jusqu'en 1817, au sein de sa famille et entouré de ses amis.

Il jouit aujourd'hui, à la cour de Bavière, d'une illustration qu'il doit beaucoup moins à son rang et à ses dignités qu'à ses qualités personnelles. Une loi, dont il est l'unique et spécial objet, l'a déclaré *agnat* de la couronne, c'est-à-dire héritier collatéral : en cette qualité, il a le droit de justice particulière, et porte, avec la qualification d'*altesse royale*, les titres de *duc de Leuchtemberg* et *prince d'Eichstett*. C'est sous ces noms nationaux que la nouvelle monarchie, dont il est un des soutiens, s'accoutume à le révérer ; cette habitude est dès long-temps naturalisée en Italie et en France, où l'amour universel et la reconnaissance publique n'oublieront jamais le nom toujours français de *Prince Eugène*. (R. DE W.)

EXCELMANS (le comte), lieutenant-général, né à Bar-le-Duc.

Fort jeune encore, il prit le parti des armes, et devint aide-de-camp du général Broussier, son compatriote. Passé en la même qualité auprès de Murat, il se signala à la bataille de Wertingen, où il eut deux chevaux tués sous lui, et il enleva plusieurs drapeaux à l'ennemi. Lorsqu'il les présenta à Napoléon, celui-ci lui dit en le décorant : Je sais qu'on ne peut être plus brave que vous; je vous fais officier de la Légion-d'Honneur.

Sur la fin de 1805, il obtint un régiment de chasseurs à cheval; en 1806 et 1807, il fut redoutable aux Prussiens et aux Russes en plus d'une occasion, et ce fut lui qui prit Posen dans la grande Pologne. Il devint alors général de brigade, et passa au service de Naples, où il devint grand-maréchal du palais. Rentré au service de France, il fit la campagne de 1812, et fut fait général de division après la bataille de la Moskwa. En Saxe, en France, il soutint sa réputation, et en 1814 le Roi le fit chevalier de Saint-Louis. Quelques imprudences le firent exiler à Bar-le-Duc; mais n'ayant pas obéi, le Ministre de la guerre Soult le fit traduire devant un conseil de guerre à Lille, où il fut acquitté à l'unanimité. Le retour de Napoléon lui procura le commandement d'un corps qui accompagna le Roi jusqu'à la frontière. Il devint pair le 2 juin. A Fleurus, il montra sa bravoure accoutumée; et après Waterloo, il ramena le corps de cavalerie qu'il commandait sous les murs de Paris. A Versailles, il surprit et détruisit un corps de cavalerie de quinze cents Prussiens, et se préparait à de nouveaux exploits, lorsque la capitulation de Paris vint enchaîner son courage. Porté sur la liste du 24 juillet, il sortit de France, et se retira en Allemagne. (Z.)

F.

Farine (le baron), maréchal-de-camp.

Il entra au service pendant les premières guerres de la révolution. Son courage éclatant le distingua en plus d'une occasion, et le plaça promptement à un grade honorable. Chef d'escadron en 1806, sa belle conduite le fit nommer major. La campagne de 1809 lui valut le grade de colonel.

Vinqueur des Espagnols au combat de Torre de la Pena (4 mars 1810), il s'empara bientôt de Tarifa. En 1811, le siége de Badajoz et les combats de Santa-Marta et de Villalba furent pour lui de nouveaux triomphes.

Appelé à faire partie de la fatale expédition de Russie, il montra de la bravoure dans les succès, de la fermeté dans les revers; il se jeta avec les débris de son régiment dans la ville de Dantzick, et coopéra à sa défense. Il fut fait général de brigade en juin 1813.

Rentré en France en 1814, il fut chevalier de Saint-Louis. 1815 le revit guider les aigles au combat; Waterloo le vit combattre en brave: une blessure considérable fut le fruit de sa valeur.

FÉNÉROLLE, général de brigade.

Ses exploits ne l'auraient pas illustré que sa mort seule suffirait pour le ranger parmi les braves qui décorent ce recueil.

Dans la campagne de Pologne de 1807, Buxhowden, attaqué par Augereau et Davoust, opposait encore à Golynim une forte résistance. Les divisions Klein et Heudelet sont chargées de faire un mouvement qui doit décider la retraite des Russes. Fénérolle commande une colonne; une batterie foudroie le terrain qu'elle doit occuper. La colonne hésite : de ce mouvement dépend le sort du combat. Fénérolle se sacrifie; il s'élance, traverse le terrain difficile, et entraîne la colonne qu'enflamme son courage : les cris de victoire retentissent, et servent à adoucir les derniers momens de Fénérolle. Mortellement blessé, il tombe, mais c'est sur un canon ennemi qu'il reçoit une dernière palme de la victoire. (P. P.)

FÉRINO (*P. M.*, comte), général de division, né dans le Milanais en 1748, mort à Paris en 1816.

Capitaine au service de l'Autriche, il passa à celui de la France en 1791 ; il fut fait lieutenant-colonel ; général de brigade en décembre 1792. — Général de division en 1793. — Commandant de la 17e. division militaire en 1799. — Commandant de la 3e. en 1803. — Sénateur en 1805. — Gouverneur d'Anvers en 1807.

Il servit d'abord sous Custines, passa dans l'armée de Dumouriez, et la première division qu'il commanda était de l'armée de Moreau ; c'est alors qu'il battit le corps d'armée du prince de Condé à Offembourg et à Ober-Kemlach. Commandant d'une division de l'armée de Mayence, qui peu après se nomma armée du Danube, il servit en 1799 avec distinction sous Jourdan, qui se plut à lui rendre justice : le combat de Stockach justifia ces éloges.

Dans le gouvernement des deux divisions militaires qu'il commanda, il sut se faire aimer et respecter ; il fit renaître l'ordre partout, et éteignit souvent les discordes que rallumaient de temps en temps l'esprit de parti. (Z.)

Ferrand (*J. H. Becays*), général de division, né à Montflanquin (Lot-et-Garonne) en 1736, mort près de Paris en 1805.

Lieutenant à dix ans, il occupait un grade qui eût dû être le prix de longs services; et par un contraste singulier, après vingt-cinq ans de service, après avoir fait la guerre de sept ans, après avoir bravement combattu à Laufeld, il n'était encore à Clostercamp que lieutenant-colonel.

En 1792, on se ressouvint de ses services, et il fut général. Il commandait l'aile gauche de l'armée à Jemmapes. Après avoir perdu son cheval tué sous lui, on le vit se mettre à la tête d'une colonne de grenadiers, fondre la baïonnette en avant sur l'ennemi, et lui enlever son artillerie : il fut blessé grièvement.

En 1793, général de division et gouverneur de Valenciennes, il s'immortalisa par sa belle défense. Il avait à combattre l'ennemi à l'extérieur, la bourgeoisie à l'intérieur. Son talent, son zèle, son courage, multiplient ses ressources; une nombreuse armée l'assiége, dix mille braves lui obéissent. Les combats se multiplient, ses ressources diminuent, la brèche se forme, la bourgeoisie se mutine; rien ne l'ébranle. Enfin, après un bombardement de quarante jours, qui a brûlé la moitié de la ville, réduit la garnison de trois mille hommes, jeté dans la place deux cent mille boulets, quarante-deux mille bombes, trente mille obus, et tous les pavés des environs; lorsqu'il voit trois brèches praticables, Ferrand consent à accepter une capitulation honorable. Il rejoint ses compatriotes, mais il a la douleur de trouver une patrie ingrate : des fers sont la récompense de son dévouement. Un jour plus beau vint cependant éclairer ses dernières années. Rendu à l'armée, il oublia l'injustice qui l'opprima en moissonnant de nouveaux lauriers.

Retiré du service, il fut préfet en 1802. En 1805, il termina son honorable carrière. (P. P.)

Ferrand (*M. Louis*), général de division, né à Besançon en 1753, mort à Saint-Domingue en 1808.

L'Amérique vit ses premiers exploits; le soleil de Saint-Domingue éclaira son dernier combat.

Lieutenant de dragons en 1791, chef d'escadron en 1792, c'est en 1795 qu'il fut nommé général. Employé successivement dans les armées de l'Ouest, des Ardennes, de Sambre-et-Meuse, on le vit partout où la gloire était la récompense du danger; il était gouverneur du département du Pas-de-Calais, lorsqu'il fut choisi pour faire partie de l'expédition de Saint-Domingue. Après la mort de Leclerc et le désastre de l'armée, il se retira à *Santo-Domingo* (partie espagnole), et fut revêtu du commandement en chef. Assiégé par les noirs, il leur fit lever le siége en 1805. La tranquillité de cette partie de l'île ne fut plus troublée jusqu'en 1808; il adoucit alors par ses soins le sort des colons que son courage et ses talens avaient défendu. En 1808, lors de la révolution d'Espagne, le gouverneur de Porto-Ricco se prépara à agir hostilement contre Ferrand; des rebelles furent alors encouragés à lever l'étendard de l'insurrection. Ferrand marche contre eux; mais au fort du combat, abandonné par ses meilleures troupes, le désespoir s'empare de son âme : il cherche la mort au milieu des rangs ennemis; elle semble le fuir : alors il se brûle la cervelle d'un coup de pistolet. (Z.)

Ferret, général de brigade.

Il était déjà avantageusement connu lorsque la retraite de Portugal lui donna l'occasion de se ranger parmi les officiers supérieurs du premier mérite. Il défendit Ceira et Fuentès de Onero avec la plus grande bravoure.

Ferrières, général de division, né à Belfort.

Il dut sa fortune au duc d'Orléans, et fut

secrétaire de ses commandemens; c'est par la protection de ce prince qu'il fut, en 1788, maréchal-de-camp. Employé dans le Comtat, à l'époque des troubles, on lui reproche de ne s'être pas assez opposé aux fureurs de Jourdan et de ses complices. En 1792, il servit sous Custines, et fit preuve de courage. En mai 1793, il attaqua les Autrichiens avec courage, et les mit un moment en déroute; mais lorsque leur résistance exigea que le talent secondât la valeur, il échoua complètement. Il succéda néanmoins à Houchard dans le commandement en chef de l'armée de la Moselle; battu par le prince de Condé, il fut incarcéré, et depuis il ne dut d'échapper à l'échafaud qui attendait les généraux malheureux, qu'à l'obscurité à laquelle il se voua.

Flahaut (le comte), lieutenant-général.

Une rare intrépidité lui fit obtenir promptement les premiers grades. Ses talens lui méritèrent bientôt un rang distingué. Son esprit délié et des manières insinuantes lui valurent plusieurs fois des missions aussi importantes que délicates.

Chef d'escadron au 13e. de chasseurs en 1805, il obtint à Friedland l'étoile d'officier de la Légion-d'Honneur. La campagne de 1809 lui valut le grade de colonel et la place d'aide-de-camp du prince de Wagram. En 1812, le généralat d'une brigade fut la récompense de sa brillante conduite au combat de Mohilow. Aide-de-camp de l'empereur en 1813, il fut un des commissaires de l'armistice qui termina la campagne de Lutzen. Dresde, Leipsick, Hanau, le rappelèrent aux combats. En 1814, il fut encore chargé de conclure un armistice à Luzigny; n'ayant pu réussir, il revint remplir ses fonctions auprès de Napoléon.

Chevalier de Saint-Louis en 1814, il reprit son poste près de Napoléon en 1815, et fut pair le 2 juin. Après avoir vaillamment combattu à Waterloo, il revint siéger dans la Chambre des Pairs, où il vota fortement pour Napoléon II. Il est maintenant retiré en Angleterre.

FORESTIER (*G.*), maréchal-de-camp.

Général en 1813, il gagna ce grade sur les champs de bataille de Médina del Rio Secco, de la Piave, du Tagliamento, de Gébora.

A Brienne, il combattait pour le territoire de la patrie, et son courage ne lui permit de sentir qu'il avait reçu une blessure grave que lorsque la victoire eut couronné nos drapeaux.

En 1814, S. M. le décora de la croix de Saint-Louis.

FORTUNAS.

Il n'était que soldat, mais plus d'un général se fût honoré de son dévouement.

Chasseur au 2e. régiment d'infanterie légère, il était au siége de Dantzick en 1807. S'étant porté en avant, il tomba au milieu d'une colonne de Russes qui criaient : *Ne tirez pas, nous sommes Français.* Menacé de périr s'il parlait, il s'écrie : *Tirez, mon capitaine, ce sont des Russes.* Nouveau d'Assas, il tombe percé de coups.

FOULERS, général de brigade, mort en 1809 en Autriche.

Général de cavalerie du premier mérite, de glorieux exploits et de nombreuses campagnes l'avaient porté, jeune encore, à ce rang distingué. Il justifiait son avancement et en méritait de nouveau, quand il périt en brave. Ce fut en chargeant les Autrichiens à l'affaire de Gross-Aspern, la veille de la bataille d'Essling.

FOY (le comte), lieutenant-général, né à Villeneuve (Yonne).

Un penchant irrésistible pour les armes l'entraîna jeune encore dans les rangs des défenseurs de la patrie. Il fut bientôt distingué parmi les braves, et un rang supérieur fut la récompense de ses talens et de son courage. La guerre d'Espagne le fit citer aussi parmi nos meilleurs généraux. Déjà général de brigade, il devint divisionnaire en 1810. De cette époque à 1814, il tint toujours la campagne; et par de nouveaux succès, il se rendit redoutable aux Anglais et aux Espagnols.

Alméida, Posa, Burgos, Palencia, Tordésillas et une multitude d'autres combats firent la gloire de son nom et de sa patrie.

FRÉGEVILLE (*Henri*, marquis de), né à Castres en 1760, mort en 1803.

Il était capitaine de cavalerie en 1789, lieutenant-colonel en 1792. C'est en cette qualité qu'il servit d'abord sous le général La Fayette; puis sous Dumouriez. A Jemmapes, il commandait le 2e. régiment de hussards, et sa belle conduite lui mérita d'être promu au rang de général de brigade. Général de division et commandant de cavalerie de l'armée des Pyrénées-Occidentales en 1793, il se distingua à Tolosa, à Saint-Sébastien, à la Croix-des-Bouquets.

En Vendée, il cueillit de nouveaux lauriers. Il fut du Conseil des Cinq-Cents, prit part au 18 brumaire, fit partie du Corps-Législatif, devint inspecteur général de cavalerie, et mourut sans être en activité.

FRÉGEVILLE (*Charles*, marquis de), lieutenant-général, né à Frégeville (Tarn) en 1762, frère du précédent.

A Jemmapes, à Grandpré, où il commanda les hussards de Chamboran, il se couvrit de gloire. Général de brigade en 1793, l'armée des Pyrénées-Orientales le vit cueillir de nouveaux lauriers : le commandement d'une division de cavalerie fut la récompense de ses exploits. L'Italie le vit, en 1800, développer de nouveaux talens, montrer un brillant courage. Appelé, en 1805, au commandement de la 9e. division militaire, on le vit toujours depuis remplir des postes importans. Il est inspecteur général de cavalerie.

Frère, général de brigade.

Il dut à sa bravoure, à ses talens un avancement rapide. Plusieurs traits éclatans l'avaient déjà placé à un rang élevé parmi les fils de la victoire, lorsque sa belle défense du pont de Spauden (camp. de Pologne, 1807) vint le placer au premier rang. Après deux mois d'inaction, les Russes reprenaient l'offensive : douze régimens se présentent au pont de Spauden, le seul 27e. le défend ; mais il est commandé par le général Frère. Sept fois les Russes et les Prussiens se précipitent sur nos rangs ; sept fois ils se retirent en désordre. Le général Frère reçoit bientôt un renfort ; le 24e. de dragons vient partager ses périls : une huitième fois l'ennemi se présente ; repoussé encore par l'infanterie, il se voit chargé par les dragons; il ne peut soutenir ce choc; et lorsque l'armée arrive, c'est pour être témoin de la gloire de deux régimens qui en mettent douze en déroute.

Friant (le comte), lieutenant-général, né à Morlincourt (Somme) en 1758.

A vingt-trois ans, il entra dans le régiment des gardes françaises. De l'instruction et de grandes dispositions pour l'art militaire le firent sous-officier; mais bientôt Friant fut arrêté dans sa carrière: il était roturier, et dès-lors il lui était défendu d'aspirer à un rang qui était le privilége de la naissance et non le prix du talent. Dégoûté du service, il acheta son congé et se livra à l'étude.

En 1789, les barrières qui avaient arrêté Friant furent levées, et il se rangea parmi les défenseurs de la patrie. Il recueillit alors le fruit de ses études. Il parcourut rapidement tous les grades; et en 1791, il fut appelé à commander un bataillon de volontaires de Paris.

Il rejoignit l'armée, et bientôt son nom brilla parmi ceux des vainqueurs de Kayserlautern, de Weissembourg, d'Arlon, de Fleurus.

Quoique général de brigade, il commanda une division, avec laquelle il fit le blocus de Maestricht, et contribua à la prise de Luxembourg.

L'Italie fut ensuite le théâtre de sa gloire : Tagliamento et Gradisca devinrent pour lui de nouveaux trophées. La paix rendant ses talens inutiles dans cette contrée, il alla en Égypte se signaler de nouveau : Chebreisse, les Pyramides, Sediman, Samanhout, Aboumana, lui méritèrent le rang de divisionnaire. La bataille d'Héliopolis, les siéges de Boulacq et du Caire vinrent l'illustrer encore.

Après s'être long-temps opposé aux progrès des Anglais, il rentra en France avec les débris de l'armée, et devint inspecteur général d'infanterie.

De l'armée d'Angleterre, dont il commandait une division, il passa en Allemagne, et eut quatre chevaux tués sous lui à Austerlitz.

La Prusse et la Pologne le virent, en 1806 et 1807, combattre et vaincre. En 1809, il soutint sa haute réputation. En 1812, il contribua au succès de la bataille de la Moskwa. En 1813, il fut encore couronné par la victoire. En 1814, son sang coula pour la défense de son pays. En 1815, Napoléon, lui confia le commandement d'une division de la garde; et à Waterloo, le général Friant paya, par une blessure grave, l'honneur de combattre pour la dernière fois à la tête des Français. (Z.)

G.

Gantheaume (*Honoré*, comte de), né à la Ciotat (Var) en 1759.

Officier auxiliaire dans la marine en 1779.— Capitaine de brulot en 1781.—Sous-lieutenant de vaisseau en 1781.—Capitaine de vaisseau en 1792. — Chef de division en 1796. — Contre-amiral en 1799.—Conseiller-d'état en 1800. — Préfet du 6e. arrondissement maritime en 1802. — Vice-amiral en 1805, et inspecteur général des côtes de l'Océan.

La guerre de l'Amérique vit ses premiers combats : celui de la Grenade fut son premier titre de gloire. Dans l'Inde, il s'associa aux succès du bailli de Suffren.

Chef de l'état-major de l'escadre qui conduisit les Français en Égypte, à Aboukir, il était sur *l'Orient*, et ne le quitta qu'au moment de l'explosion de ce vaisseau. Sa belle conduite pendant cette journée est au-dessus de tout éloge.

Ce fut le comte Gantheaume qui ramena Bonaparte en France : il fut alors chargé de porter du renfort à l'armée d'Égypte; n'ayant pu réussir à débarquer, il se dédommagea par de nombreuses prises sur les Anglais, et rentra à Toulon. Il conduisit, en 1802, l'expédition de Saint-Domingue. Depuis cette époque, d'honorables fonctions ont toujours été confiées à ses talens.

S. M. l'a élevé au rang de pair de France en août 1815.

GARDANNE (*Ange*), général de division.

Soldat avant la révolution, il avait obtenu son congé quand elle éclata. Lorsque la trahison eut livré Toulon aux Anglais, Gardanne se mit à la tête des paysans qui vinrent partager les combats et les travaux du siége. L'expulsion des Anglais ne fut pas le terme de ses services; la patrie était attaquée, il se voua à sa défense. Envoyé à Paris, il était adjudant-général au 13 vendémiaire, et il concourut à la défaite des sections.

En Italie, le passage du Mincio plaça le nom de Gardanne parmi celui des braves. Chef de brigade à Arcole, son courage le jeta des premiers dans les rangs ennemis; il y reçut une blessure grave.

Neuwied, Alexandrie, Marengo, vinrent encore l'illustrer : il y était en qualité de divisionnaire; il obtint alors des commandemens importans, soit dans l'intérieur de la France, soit dans nos nouvelles conquêtes. En 1806 et en 1807, il guida encore nos colonnes; mais grièvement blessé, il ne put résister aux fatigues de cette campagne : il succomba à une maladie cruelle qui le ravit à sa patrie, lorsqu'elle allait jouir de la paix, fruit de ses exploits. Il mourut à Breslaw le 4 août 1807. (P. P.)

GARDANNE (le marquis).

Capitaine de cavalerie avant nos troubles, il crut devoir émigrer. Le 18 brumaire, qui rappela l'ordre en France, y fit rentrer ceux des émigrés qui n'avaient quitté leur patrie que pour échapper à la proscription. Nommé inspecteur aux revues, il fut général de brigade en 1804. Il devint aide-de-camp de Napoléon, qui le nomma gouverneur des pages. A Austerlitz, à Jena, à Eylau, il donna des preuves d'une brillante valeur. Il fut revêtu de l'ambassade extraordinaire de Perse en 1807, mais à son retour il ne parut plus jouir de la faveur du souverain. Il se retira dans ses propriétés, et se consola par l'étude de sa disgrace. (Z.)

GARNIER-LABOISSIÈRE (le comte), général de division, né en 1755, mort en 1809.

Il fit toutes les campagnes du commencement de la révolution, et acquit une haute réputation. Au siége de Toulon, il rendit de grands services : ce fut lui qui s'empara du redoutable poste de Malbousquet.

Sénateur en 1803, il mourut universellement regretté en 1809.

GAULTIER-KERVEGUEN (*P. L.*), né à Brest en 1737.

Officier d'un talent distingué et d'un courage éprouvé, il fut utile dans les fonctions de chef d'état-major, et parut déplacé dans le commandement en chef d'armée qu'il occupa un moment. — Elève ingénieur de la marine, il fut long-temps employé dans les colonies. Envoyé en Corse, il y devint capitaine d'infanterie, et il fit la campagne d'Amérique comme aide-maréchal-des-logis des troupes de débarquement.

Lorsque la révolution éclata, il ne crut pas devoir porter ses talens en tribut à l'étranger. Sa patrie l'en récompensa, et il devint général. Dans les Pyrénées, en Italie, il commanda une division, et effaça par des succès quelques revers. En 1799, il occupa la Toscane; et si dans cette expédition, lors de l'insurrection de Florence, il ne montra pas beaucoup de fermeté, du moins fit-il preuve de prudence. Depuis cette époque, il a toujours été employé dans l'intérieur. On doit à ses talens beaucoup de cartes et plans qui enrichissent le dépôt de la guerre. (Z.)

GAZAN, comte *de la Peyrière*, (*H. J. M.*), lieutenant-général, né à Grasse (Var) en 1765.

Sous-lieutenant de canonniers garde-côtes à quinze ans, il entra à vingt ans dans les gardes-du-corps du Roi (compagnie écossaise). En 1789, il devint major de la garde nationale de Grasse; en 1791, il fut lieutenant-colonel du 2e. bataillon du Var; et en 1792, il fut capitaine au 27e. régiment d'infanterie légère, et employé à l'armée du Rhin.

Un vaste champ s'ouvrit alors à ses talens et à son courage; des combats multipliés lui permirent de se distinguer, et bientôt on le vit général. Ce fut aux combats de Kuppenheim, d'Etlingen qu'il mérita cet honneur.

De 1796 à 1800, Gazan ne commanda pas; mais en 1800, nommé général de division, il alla en Suisse servir sous Masséna : il associa son nom à celui des vainqueurs de Zurich, de Winter-Thur, de Constance.

L'armée d'Italie, pendant ce temps, était battue et désorganisée; elle avait besoin de chefs expérimentés : Gazan fut un de ceux qu'on choisit. L'ordre et le courage vinrent rappeler les succès, et la victoire de Tagliarino, dont Gazan eut tout l'honneur, remit l'armée en état d'opposer une vigoureuse résistance dans Gênes. La campagne qui suivit Marengo, offrit encore au général Gazan l'occasion de se distinguer au passage du Mincio, à Pozzolo, à Bassano.

Pendant la paix, il commanda une division militaire, et la guerre de 1805 le rappela à de nouveaux périls. L'immortel combat de Diernstein mit le sceau à sa gloire. Dans cette journée où tout soldat fut un héros, Gazan sut encore, par son courage, s'élever au-dessus de la foule.

Jéna en Prusse, Sarragosse et cent autres combats en Espagne, continuèrent de l'illustrer.

En 1814, le Roi le nomma inspecteur-général d'infanterie.

En 1815, Napoléon le fit pair, et aujourd'hui il est sans activité. (P. P.)

Gentily, général de division, né à Ajaccio (Corse) en 1761.

C'est en combattant pour son pays, c'est sous Paoli qu'il apprit le métier des armes : son père avait été tué à ses côtés, en défendant la liberté de la Corse.

Député en 1790 vers l'Assemblée constituante par la Corse, il rendit un compte satisfaisant du zèle patriotique qui animait cette contrée.

Général en 1796, il combattit les Anglais à Bastia.

Après le traité de Campo-Formio, il fut chargé d'aller prendre possession des îles de Corfou, Xanthe, Céphalonie, etc. Il eut à combattre les habitans qui s'insurgèrent; et par sa prudence et la douceur plutôt que par la force des armes, il parvint à les désarmer. Il s'y montra aussi sage administrateur qu'il avait été guerrier courageux.

Il retournait dans sa patrie, lorsqu'il succomba à une maladie grave pendant la traversée.

Gérard (le comte), lieutenant-général, né en Lorraine.

Un talent rare, un courage peu commun firent du jeune Gérard un officier distingué. Bernadotte en fit son aide-de-camp, et rendant justice à son mérite précoce, il facilita son avénement.

Général de brigade en 1809, il se signala au combat d'Urfer, et aux autres affaires de la campagne de Wagram.

En Espagne, il battit souvent les guérillas, et notamment à Villageria en Estramadure.

En 1812, il mérita sur le champ de bataille de Valentina d'être élevé au rang de général de division, et il fit ses preuves dans ce grade à la Moskwa.

En 1813, il se distingua de nouveau à Francfort-sur-l'Oder, à Méderau, à Magdebourg.

En 1814, il était encore au nombre des braves à Brienne, à Nogent, à Nangis, à Montereau.

Après les événemens de cette année, ce fut lui qui alla les faire connaître à Hambourg, et qui ramena l'armée qui y était renfermée.

Pair en 1815, il commanda le 4ᵉ. corps de l'armée de Napoléon. Il était à Namur, tandis qu'on se battait à Waterloo, et ramena sa division sous Paris. Il a quitté la France en 1816, et s'est fixé en Suède.

Gilly (*J. L.*, comte), lieutenant-général, né à Fournés (Gard) en 1769.

Ayant montré quelques talens et beaucoup de courage, le rang de général paya ses nombreux combats : c'est la campagne de 1809 qui lui valut ce grade.

En 1815, il prit le commandement des troupes et des paysans armés qui marchèrent contre le duc d'Angoulême, et qui le forçèrent à capituler.

Porté sur l'ordonnance du 24 juillet, il se réfugia aux Etats-Unis.

Le 24 juin 1816, un jugement par contumace l'a condamné à mort.

Gilot (*J.*), général de division, né à Chatney (Isère) en 1734.

A seize ans, il se fit soldat. En 1789, malgré sa roture, mais aussi après trente-neuf ans d'un service glorieux, il était capitaine. — Lieutenant-colonel en 1792, maréchal-de-camp sur la fin de la même année, et général de division en 1793. Ce fut lui qui, à cette dernière époque, commandait à Landau lorsque Wurmser en fit le blocus. L'activité, le patriotisme, les talens, le courage de Gilot, mirent cette forteresse en état de résister à Wurmser, qui fut lui-même souvent attaqué par la garnison. Gilot fut remplacé par Laubadère.

En 1795 et 96, il était à la tête d'une division de l'armée de Cherbourg.

En 1797 et 1798, il commanda la 4e. division militaire. En 1799, il passa à la 17e. (Paris), et retourna en 1800 au commandement de la 4e., où l'amour du soldat et l'estime des citoyens le rappelaient.

GIRARD (le baron), lieutenant-général.

Il n'est pas une campagne en Flandre, en Allemagne, en Italie, en Autriche, en Prusse, en Pologne, en Espagne, où le général Girard ne se soit signalé par une action d'éclat, par un combat important : son poste fut toujours le plus périlleux ; ses nombreuses blessures, sa mort glorieuse en font foi.

Austerlitz le fit commandant de la Légion-d'Honneur ; Jena, Friedland lui méritèrent une brigade ; et en Espagne, il obtint le rang de général de division : ce fut le prix de sa conduite au passage du Tage, à Talaveyra et à Occana, et le gage de ses succès à Aracena, à Bieuvedina, à Olivença, à San Christoval, à la Gebora, à Santa Marta, à Villalba. Une imprudence fit oublier qu'il battit les Espagnols et Castanos à Cacères : ce succès fut effacé par la perte de la moitié de son corps d'armée, dispersée dans une surprise qu'il éprouva pour avoir négligé d'établir ses postes après la victoire.

En 1813, il était à Lutzen : plusieurs blessures menacent sa vie; tant que le combat est douteux, il refuse de quitter le champ de bataille, disant que c'était pour tous les Français le moment de vaincre ou de périr.

A Dresde, il se conduisit avec sa bravoure accoutumée, et poursuivit les Russes de Bischoffwerda jusqu'à la Sprée.

En 1815, il fut nommé pair de France par Napoléon; et à la bataille de Fleurus (15 juin), frappé par une mort glorieuse, il n'eut pas la douleur de voir flétrir par un seul, mais décisif revers, vingt années d'une gloire que l'envie de l'étranger, autant que nos exploits, a rendue historique. (P. P.)

GIRARDIN (*A. F. L.*, comte de), lieutenant-général.

Entré fort jeune au service, il devint aide-de-camp du prince de Neufchâtel.

Officier de la Légion-d'Honneur à Austerlitz, il fut fait colonel en récompense de sa conduite en Prusse et en Pologne en 1806 et 1807.

S'étant attaché à la fortune de Joseph Napoléon, il devint son premier écuyer à Naples et le suivit en Espagne.

En 1812, il rentra au service de l'Empire, et fut général de brigade : il se signala à Mohilow. Distingué par son talent et son courage pendant 1813 et 1814, le 26 février de cette année, il fut fait général de division.

Girault (*F. F.*, baron), colonel, né à Châlons-sur-Saône en 1771, mort à Occana en 1809.

Il entra au service en 1792 comme sous-lieutenant de dragons. Le combat de Valmi lui valut son premier laurier; pendant les campagnes suivantes, de nombreuses blessures attestèrent son courage. A Austerlitz, il abattit d'un coup de sabre la tête d'un Russe qui mettait le feu à une batterie meurtrière à nos rangs, et resta maître de la batterie. Devenu colonel, il se rangea parmi les braves à Jena, à Eylau. En Espagne, il faisait les fonctions de général de brigade, lorsqu'il reçut le coup mortel.

Gobert (*J. N.*), général de division, né à la Guadeloupe.

Élève de l'école du génie, il entra au service en qualité de lieutenant. Ses travaux l'élevèrent rapidement et le portèrent au rang des généraux divisionnaires dès le commencement de la révolution : nombre de combats et de siéges, quatre batailles rangées sont ses titres à la reconnaissance de son pays.

Il commandait à Bologne en 1802, lors de l'insurrection qui éclata dans cette ville contre les Français : il sut comprimer les mutins, et les sauva du massacre et du pillage, en les forçant à respecter les Français.

Ayant suivi le général Leclerc à Saint-Domingue, il sauva avec un courage héroïque quatre-vingts femmes et enfans blancs que les nègres vaincus allaient immoler à leur rage.

En 1808, il servit en Espagne. Prisonnier à la suite de la capitulation de Baylen, il mourut durant sa captivité.

Godinot (le baron), général de division.

Après vingt ans de services distingués, il mérita de commander le 25e. régiment d'infanterie légère : c'est à la tête de ce corps qu'Ulm et Austerlitz le virent se placer au premier rang parmi les braves. Général de brigade et chef d'état-major général pendant les campagnes de Prusse et de Pologne, ses talens furent utiles à l'armée. En Espagne, on le cita honorablement après les affaires de Tolède, de Ségurra, de Santa Marta, de Villalba. Ayant battu le général Blacke, il devint général de division; c'est en cette qualité qu'il se couvrit de gloire à la prise du camp de Saint-Roch.

Il se tua à Séville d'un coup de fusil, à la suite d'une attaque de nerfs à laquelle il était sujet : il fut universellement regretté.

Goguet, général de division.

Il dut son premier avancement à son épée : les services qu'il rendit à la république en faisant connaître les projets de Dumouriez, motivèrent son élévation au rang de divisionnaire. Il combattit les Espagnols avec succès. Employé, en 1796, à l'armée du Nord, il se préparait à cueillir de nouveaux lauriers, lorsqu'à une attaque aux environs de Maubeuge, voulant faire retourner un fuyard au combat, ce lâche tourna ses armes contre son général : il le tua avec son fusil, qu'il refusait de tirer sur l'ennemi. (P. P.)

Goulus (le baron), maréchal-de-camp.

Soldat au régiment de la Couronne, il devint sergent avant la révolution.

Pendant la campagne de 1792, qu'il fit sous Dumouriez, il mérita par sa valeur d'être distingué. Devenu colonel, il commanda à Namur.

En 1798, il fut employé au blocus d'Ehrenbrestein, et y mérita d'être promu au rang de général de brigade. Il servit dans l'intérieur jusqu'à la guerre d'Espagne, où il se distingua au passage du Lobrega. Il resta dans cette contrée jusqu'à l'évacuation.

Gouvion (*L. J. B.*, comte de), lieutenant-général, né à Toul, en 1752.

Général par son talent et son épée, des succès marquèrent toutes ses entreprises.

Il entra au service dans l'artillerie en 1766. Capitaine en 1787, chef de bataillon en 1792, il servit à l'armée des Alpes. Il s'empara du petit Saint-Bernard, et y fut fait général de brigade. Il dirigea l'attaque du Mont-Cenis, et cette première campagne d'Italie lui fit beaucoup d'honneur.

En 1799, il était sous Brune en Hollande, et les combats de Berghem et de Kastricum le couvrirent de gloire. Appelé auprès de Bonaparte après le 18 brumaire, il commanda la 9e. division militaire, et enfin devint inspecteur général de gendarmerie.

Sénateur en 1805, il fut pair de France en 1814.

Gouvion, dit *Lafayette* (*Jean-Baptiste*), général.

Les braves n'oublieront jamais Jean-Baptiste

Gouvion, ce frère d'armes de La Fayette en Amérique, où il avait été appelé par le congrès en qualité d'ingénieur, et d'où il rapporta, avec un ardent amour pour la liberté, un attachement non moins sincère à l'ordre et aux lois.

En 1789, il fut nommé major-général de la garde parisienne. Dans les momens d'orage, sa prudence, son zèle, son patriotisme servirent efficacement la chose publique. Il éprouva la satisfaction de ravir au supplice révolutionnaire de la lanterne un malheureux boulanger, contre lequel s'acharnaient des brigands soudoyés. C'était le 5 octobre, jour de lugubre mémoire, où la statue des lois fut couverte d'un voile funèbre.

Nommé à l'Assemblée législative par le département de la Seine, il vota constamment avec la majorité constitutionnelle.

Son frère venait d'être tué à Nanci, à la tête de ceux qui défendirent les décrets de l'Assemblée constituante contre la garnison de cette ville. Des remerciemens publics avaient été votés à ces braves gardes nationaux morts martyrs des lois. Mais, en 1792, les jacobins, qui préludaient à leur tyrannie anarchique par la rébellion, parvinrent à donner aux coupables soldats de Châteauvieux une fête, qu'ils qualifièrent de réparatoire. Indigné de cette insulte aux mânes de son frère, Gouvion donna sa démission de représentant, et alla reprendre du service dans l'armée du général La Fayette, son ami.

Il y commanda l'avant-garde, et soutint, en avant de Philippeville, un combat honorable aux armes françaises; mais le 11 juin 1792, à l'attaque du camp de Maubeuge, l'ennemi ayant été repoussé jusqu'à Griswel, il revenait vainqueur, lorsqu'un boulet termina son honorable vie. Quelques jours auparavant, il avait dit à ses amis, « que voyant la liberté prête à » être dévorée par l'anarchie, il souhaitait » mourir sur le champ de bataille. » Noble vœu et digne mort d'un soldat français!

(R. de W.)

Gouvion-Saint-Cyr (*Laurent*), maréchal de France.

Si le maréchal Gouvion-Saint-Cyr n'occupait que dans l'opinion le haut rang qu'il remplit dans l'État, en offrant sa vie militaire à l'admiration, nous nous ferions volontiers les organes de la reconnaissance, car ce serait être ceux de la justice et de la vérité; mais exprimer sur un ministre le bien même que tout le monde en pense, c'est être suspect de flatterie. Au lieu donc de parler le langage affectueux de l'histoire, nous bornerons cet article à l'aridité d'une nomenclature chronologique. Puisse le maréchal Gouvion ne jamais nous rendre, par sa disgrâce, le droit de le louer comme le louera la postérité!

Il naquit à Toul (Meurthe) en 1765. Sous-lieutenant sous l'ancienne monarchie, il était capitaine en 1792, chef de bataillon en septembre 1793, et bientôt général de division.

A la tête d'une division de l'armée de Rhin-et-Moselle, il enleva, devant Mayence, la redoute de *Merlin*, prit quatre canons, deux obusiers, quatre-vingts prisonniers. Six cents ennemis furent tués dans cette affaire, qui eut lieu le 11 frimaire de l'an 3.

En vendémiaire de l'an 4, il fut fait chef d'état-major de l'armée des Côtes-de-Cherbourg.

Commandant de l'aile gauche de l'armée de Rhin-et-Moselle en l'an 4, il en commença les opérations, en s'emparant de Deux-Ponts, qu'il occupa après un combat très-vif. Il seconda, par un mouvement heureux, les opérations du général Férino, qui emporta Biberach; chassa l'ennemi de Kuppenheim et le contraignit de repasser la Murg. Six cents Autrichiens furent faits prisonniers et trois pièces de canon leur furent enlevées. Ces affaires eurent lieu du milieu à la fin de messidor de l'an 4.

Le 21, le général Gouvion-Saint-Cyr concourut au combat en avant de Rastadt : l'ennemi, forcé de se retirer derrière Dourlach, perdit treize cents hommes.

C'est à l'opiniâtreté et à la bonté de ses manœuvres qu'on dut le génie et les résultats de la bataille d'Ettlingen : le général Gouvion était chargé de déborder la gauche de l'ennemi et d'attaquer toutes ses positions aux sources de l'Alb. Il s'en acquitta, à la tête de la 106e. demi-brigade, qui quatre fois repoussée, fut quatre fois ramenée au pied de la plus élevée des montagnes noires.

Après cette victoire, Gouvion, chargé de la poursuite des Autrichiens, de concert avec le général Férino, les força d'évacuer Pfortzheim, les chassa de la vallée de la Kinch et les contraignit, près de Stuttgard, à se jeter de l'autre côté de la rivière. L'armée, alors maîtresse de toute la gauche du Necker, dut cet avantage au général Gouvion, dont la marche accélérée hâta la défaite de l'avant-garde ennemie.

Dans l'attaque de Heydersheim, ce général fit trois mille prisonniers.

Le prince Charles ayant attaqué toute la ligne des Français avec toutes ses forces rassemblées, était parvenu à faire reculer leur avant-garde; mais Gouvion, à la tête de la réserve, rétablit bientôt le combat.

Au passage du Lech, ce général et sa division se couvrirent de gloire, en s'emparant de Lech-Hausen, où l'ennemi perdit cinq pièces de canon.

A Fresing, il le poursuit avec une telle célérité, qu'il l'empêche de couper le pont de l'Iser, par où il venait d'effectuer sa retraite.

Enveloppé un instant à Tuttlingen, sa présence d'esprit et ses manœuvres rappelèrent soudain la victoire, et rendirent aux Français les postes dont ils étaient les maîtres avant le combat.

Un revers de l'armée de Sambre-et-Meuse obligea celle du Danube à se replier. La retraite la plus brillante couronna cette campagne. Chaque combat fut une victoire. Chargé d'attaquer toute la ligne ennemie, Gouvion attaqua spécialement celle de front de Stenhausen, et en obtint un succès complet.

Commandant en chef l'armée française stationnée à Rome, il y réprima une insurrection naissante; mesure dont il crut devoir rendre compte à l'armée elle-même.

Ce fut vers cette époque qu'il marqua les limites territoriales de la nouvelle république romaine. Destitué par le Directoire pour avoir été plus juste que les lois (il avait ordonné la restitution à la famille Doria, d'un soleil enrichi de diamans, duquel le consulat s'était emparé pour satisfaire aux besoins de l'État), il fut bientôt réintégré dans son grade et envoyé à l'armée de Mayence, puis à celle du Danube, dont la troisième division lui fut confiée par Jourdan, général en chef, et où il attacha successivement son nom aux affaires d'Ostrach, de Liebtingen, de Moëskirch, de Knibis, de Freudenstadt.

Passé à l'armée d'Italie, Championnet lui donna le commandement de l'aile droite, et la rivière du Ponent devint bientôt témoin de ses succès. Le 2 brumaire, disent les journaux officiels du temps, il attaqua l'ennemi et le battit complètement à Pastourana, Bazo-Luzzo et Basas; il eut même, à cette dernière affaire, un cheval tué sous lui. L'artillerie, deux mille prisonniers, dont trois cents chevaux, tombèrent au pouvoir des Français. Et cette victoire importante fut saluée par le gouvernement consulaire, comme un heureux présage de la campagne qui devait la suivre.

Nommé colonel-général des cuirassiers, il harcela la retraite du prince Charles en 1805, prit au prince de Rohan six mille Autrichiens, et entra à Venise par suite de la capitulation d'Austerlitz.

En 1806, il eut la mission de s'emparer du royaume de Naples.

Il fit bientôt après la campagne de Prusse et celle de Pologne, à la suite de laquelle il eut le gouvernement général de Varsovie.

Après la paix de Tilsitt, il passa en Espagne, et s'empara, en 1808, de Rose en Catalogne, et successivement de Barcelonne et de Tarragone, qu'il emporta après un combat très-vif, où il prit vingt-cinq pièces de canon. Les combats de Saint-Félix, d'Equixols et de Palamos ajoutèrent à sa gloire, et il en augmenta encore l'éclat, dans la campagne de Russie, par le combat qu'il livra et gagna à Polotsk, où il commandait les Bavarois.

Après la blessure du maréchal Oudinot, prit le commandement du 2e. corps et battit, dès le lendemain, le général Wittgenstein. Fait maréchal avant la prise de Moscow, il fut attaqué par le même général Wittgenstein, qu'il força de lui laisser le passage libre; mais blessé d'une balle au pied, il donna le commandement de son corps au général Legrand. Ayant repris son service aux batailles de Dresde les 26 et 27 août, il contribua puissamment aux succès de ces journées; attaqua bientôt après le corps russe du comte de Tolstoï à Plauen, prit vingt pièces de canon, fit trois mille prisonniers, et poursuivit les restes de cette armée jusque sur les frontières de Bohême. Demeuré à Dresde après le départ de la grande-armée, il fut contraint de signer une capitulation, en vertu de laquelle il devait rentrer en France avec ses troupes; mais, par la mauvaise foi la plus insigne, cette convention ne fut pas ratifiée, et il resta prisonnier de guerre.

De retour en France après la restauration, il fut créé pair de France et commandeur de l'ordre de Saint-Louis.

Lors de l'invasion de Bonaparte, il suivit le Roi à Gand, et fut nommé par S. M. au ministère de la guerre, qu'il n'occupa que quelques mois.

Sa seconde administration, qui date de 1817, sera à jamais mémorable par la loi éminemment patriotique du recrutement de l'armée; loi dont la conception et les principales vues font le plus grand honneur au courage de ce ministre soldat et citoyen; loi qui recevra du temps et de l'expérience des améliorations successives, mais qui, dès aujourd'hui, replace la France au premier rang des nations, et rejette parmi les traîtres ou les lâches ceux qui furent assez malheureux pour flétrir ses palmes et la punir de sa gloire. (R. DE W.)

GRANJEAN (le baron), lieutenant-général.

De 1792 à 1805, il parcourut tous les grades jusqu'à celui de général de division. Toujours un nouveau grade fut pour lui le prix d'une belle action.

Si dans les rangs inférieurs il se distingua, il ne crut pas devoir moins faire comme général; aussi le vit-on toujours aux postes d'honneur dans la campagne de 1806.

En 1812, il seconda le maréchal Macdonald dans sa retraite de Riga, et se jeta avec sa division dans Dantzick. Il contribua à défendre cette place importante, et subit le sort de la garnison qui fut prisonnière de guerre. (Z.)

GRATIEN (le baron), général de division.

Des grades inférieurs, il parvint au généralat: cet avancement fut probablement le prix du talent et du courage. Dans l'histoire de la fatale année de 1793, on lit cependant que Gratien fut cassé sur le champ de bataille, pour s'être conduit *avec lâcheté* aux combats de Maubeuge (propres expressions du rapport de Jourdan). Nous nous plaisons à croire que ce n'est pas pour sa lâcheté qu'il fut cassé, et nous hésiterions à le classer au rang des héros français si nous ne lisions pas qu'étant rentré au service, il se signala dans la Vendée en 1795 et 1796; que, frère d'arme de Hoche en 1797, il contribua sous ses ordres à la prise des redoutes de Bendford; que ce fut lui qui, en 1807, à la tête de trois mille Hollandais, poursuivit Schill et sa bande, livra l'assaut à Stralsund, où ce Schill s'était réfugié, et tua sur la brèche, de sa propre main, ce fameux chef de partisans; qu'enfin, en 1813 et 1814, de nouveaux exploits en Italie lui méritèrent les plus grands éloges.

Il mourut à Plaisance le 25 avril 1814, au moment où il ramenait en France la première division de l'armée de réserve. (P. P.)

GRENIER (*Paul*), né à Sarre-Louis (Moselle) en janvier 1768.

Enrôlé volontairement dès 1784, dans le 96e. régiment, il parvint de grade en grade à celui d'adjudant-général en 1794. Général de brigade en 1795, et général de division à la fin de la même année.

Les bords du Rhin, de la Piave, du Tagliamento, furent témoins de sa bravoure.

En 1809, il seconda le prince Eugène à Raab, et fut blessé à Wagram.

En 1813, il couvrit Wittemberg avec le 11e. corps, et battit les Russes et les Prussiens près Magdebourg. Choisi par le vice-roi d'Italie pour commander une division de son armée, il se fit remarquer en 1814 par la défense du Mincio.

A la paix, il rentra en France. Déjà grand-officier de la Légion-d'Honneur, le Roi le décora de la croix de Saint-Louis. Il fut nommé inspecteur-général d'infanterie, fonction qu'il avait déjà occupée. Au retour de Napoléon, il fut membre de la Chambre des Représentans, qui le choisirent pour leur vice-président. Après le désastre de Waterloo, il fit un rapport sur les dangers de la patrie; et par la suite de la seconde abdication de l'empereur, il devint membre du gouvernement provisoire.

(P. P.)

Grigny (*A. C. M.*), général de brigade.

Entré au service comme sous-lieutenant en juin 1792, il fut fait général de brigade sur le champ de bataille de Weissembourg le 10 janvier 1793. Envoyé en Vendée, il contribua à ramener la paix, plutôt par son humanité que par des combats. Ami de Hoche, il partagea sa gloire en Alsace.

Envoyé à Naples en 1806, il était au fort de Gaëte, et y eut la tête emportée par un boulet: ses amis perdirent un ami solide, ses soldats un père, la patrie un bon défenseur.

Gros (*Louis*, baron), maréchal-de-camp.

Soldat au commencement de la révolution,

ses campagnes en Italie, dans les Pyrénées, sur le Rhin, lui procurèrent un avancement honorable. Jugé digne de commander dans la garde impériale, il partagea la gloire dont elle se couvrit à Ulm, à Austerlitz, à Jena, à Eylau, à Friedland.

Général de brigade et colonel-major des chasseurs de la garde après ces campagnes, il mérita encore de nouvelles récompenses, et se trouva toujours aux postes des périls et de la gloire. (Z.)

Grouchy (*E.*, comte de), lieutenant-général et maréchal d'Empire en 1815, né à Paris en 1766.

Il était dans les gardes-du-corps du Roi avant la révolution. Il fut colonel de dragons en 1792, et général de brigade en 1793.

Dans l'armée du centre, en Vendée, à l'armée des Alpes, il fit preuve de courage, de talent, d'humanité et de patriotisme; il ne put faire oublier néanmoins qu'il était noble, et fut obligé de quitter le commandement.

Bientôt les dangers de la patrie augmentèrent, et le général Grouchy se fit soldat : « S'il ne » m'est plus permis, disait-il, de combattre à » la tête des phalanges républicaines, il ne saurait m'être défendu de verser encore mon » sang pour ma patrie. »

Cet acte de patriotisme força le gouvernement à être juste. — En juin 1795, il fut général de division.

Il combattit en Vendée, qu'il pacifia de concert avec Hoche; employé à l'expédition d'Irlande, il rentra avec l'amiral Bouvet sans avoir pu débarquer.

Passé en Italie, à la tête d'une division de l'armée de Mayence, il y devint négociateur heureux; ce fut lui qui détermina le roi de Sardaigne à signer l'abdication par laquelle, se retirant en Sardaigne, il livrait le Piémont aux Français. Grouchy organisa un gouvernement provisoire, et commanda l'armée d'occupation. Appelé par Moreau à combattre les Austro-Russes, il vainquit à Valence, à San-Juliano. Les malheureuses affaires de la Trébia et de Novi ne furent pas moins glorieuses pour Grouchy. A cette dernière bataille, il tomba entre les mains de l'ennemi; il fut trouvé parmi les morts, couvert de treize blessures.

Echangé après sa guérison, il servit encore sous Moreau à l'armée du Rhin, et la bataille de Hohenlinden vint ajouter une palme à la couronne que lui offrait la victoire.

A la paix, il devint inspecteur-général de la cavalerie, et commanda une division du camp de Brest.

Les campagnes de 1805, 1806 et 1807, le

revirent à la tête de nos phalanges. A Friedland, il rendit les plus grands services.

En 1808, il était en Espagne.

Les campagnes d'Udine, les bords de l'Izonso, les champs de bataille de Raab et de Wagram en 1809, furent témoins de sa bravoure.

En 1812, il eut part aux succès obtenus à Borizow, à Valontina, à la Moskwa; et pendant la retraite, ce fut lui qui commanda le fameux *escadron sacré*.

Les campagnes suivantes le virent courir à de nouveaux dangers, où son courage semblait redoubler lorsqu'il combattit dans les Vosges, à Brienne, à Vauchamp, à Craonne : à ce dernier combat, son sang teignit ses lauriers. 1815 le rendit aux combats : ce fut lui qui commanda les troupes opposées au duc d'Angoulême. Maréchal d'Empire et pair, il obtint le commandement de l'armée qui s'empara de Namur : il marchait sur Bruxelles, tandis qu'on vainquait à Fleurus, et qu'on éprouvait des revers à Waterloo.

Il ramena son corps en France, et quitta sa patrie pour se soustraire au jugement qu'il devait subir, en vertu de l'ordonnance du 24 juillet. (P. P.)

GRÜNER (*J. F.*), général de brigade.

Sa vie fut glorieuse : vingt combats l'attesteront; mais au-dessus d'eux tous, les plaines de Lutzen, déjà abreuvées du sang du grand Gustave-Adolphe, rediront à la postérité qu'elles virent combattre glorieusement Gruner, et que c'est dans leur sein que reposent les restes de ce héros qui périt pour sa patrie. (P. P.)

Gudin (*C.*, comte), général de division, né à Montargis en février 1768, mort au combat de Valontina en 1812.

Elève de l'Ecole militaire de Brienne, il entra dans les gendarmes de la garde du Roi en 1782. Sous-lieutenant au régiment d'Artois en 1784, il passa à Saint-Domingue en 1791 comme lieutenant; et de retour en France fit, en qualité d'aide-de-camp, les campagnes de 1793 et 1794. Adjudant-général, chef de brigade en 1795. — Général de brigade en 1799. — Général de division en 1800. — Commandant de la 10e. division militaire en 1802. — Gouverneur de Fontainebleau en 1805. — Tous ses grades furent le prix d'un heureux combat.

Le général Gudin fit avec honneur les campagnes de 1805, 1806 et 1807; il fut cité avec distinction après la journée d'Jena. En 1809, il s'empara de vive force d'une île du Danube devant Presbourg; cette action lui valut le grand cordon de la Légion-d'Honneur. Dans la campagne de Russie, il coopéra aux succès de la bataille de Smolensk, et à l'affaire de Valontina il fut emporté par un boulet.

Gudin (le baron), maréchal-de-camp.

Ce fut à la tête du 16e. régiment de ligne, commandé par lui long-temps, qu'il se rendit digne de porter un nom déjà cher à la victoire. Général en 1812, il servit avec honneur en Espagne; ce fut surtout aux combats d'Yecla et Villena (11, 12 et 13 avril 1813) qu'il prouva aux Anglais qu'il n'était point indigne de leur être opposé.

Guéheneuc, maréchal-de-camp.

Beau-frère du duc de Montebello (Lannes), c'est sous ses auspices qu'il entra dans la carrière des armes. Sa valeur vint justifier cette puissante protection : il fut capitaine, et Lannes le fit son aide-de-camp. Blessé à Friedland, il fut un des héros de cette journée. La guerre d'Espagne offrit une nouvelle carrière à son courage; il y fut colonel, et se couvrit de gloire à Tudela. Pendant la campagne d'Autriche en 1809, il commanda le 26e. régiment d'infanterie légère. En 1812, il le conduisit en Russie; et au combat de Polotsk, il reçut une blessure grave. Général de brigade sur la fin de cette année, il échappa aux dangers de nos derniers combats. Son nom décore la liste de nos meilleurs généraux. (F. P.)

Guidal (*M. I.*), général de brigade, né à Grasse en 1755.

Soldat au commencement de sa carrière, il était général lorsqu'il la termina. Son courage lui mérite une place dans ce recueil; ses opinions républicaines lui attirèrent la disgrace et même quelque persécution de la part de Bonaparte. Il n'eut pas l'âme assez grande pour pardonner, et il cacha ses lauriers sous le manteau d'un conspirateur. Plus entreprenant que grand politique, il échoua avec Mallet et Lahorie, et fut fusillé le 29 octobre 1812.

Guieux (*J. I.*), général de division, né à Champeilles (Hautes-Alpes) en 1758.

Garde-du-corps avant la révolution, il obtint en 1792 le commandement d'un bataillon de son département, et rejoignit dans les Alpes le général Anselme. La rapidité et la bravoure avec laquelle Guieux exécute les mouvemens qui lui sont ordonnés, le distinguent; et en 1795, après de glorieux combats, il était général de brigade.

A Mondovi, il partagea la gloire dont l'armée se couvrit, et peu après cueillit un laurier qu'il n'eut pas à partager. L'armée effectuait un mouvement rétrograde à la suite d'un attaque inattendue de l'ennemi; on est obligé d'évacuer Salo, poste important. Guieux ne peut supporter cet affront; avec six cents braves grenadiers, il s'enferme dans la principale maison de Salo, et pendant quarante-huit heures, quoique manquant de vivres, il soutient les efforts de l'armée autrichienne, et donne le temps à Bonaparte de venir le dégager. Arcole vit encore Guieux rendre des services importans à l'armée. Elevé au rang de divisionnaire, il continua sa marche victorieuse; et à Chiuse, à Pufero, à Hundsmarck, il justifia l'honneur qu'on venait de lui accorder.

Il obtint sa retraite après le 18 brumaire.

(P. P)

Guilleminot (le comte), lieutenant-général. Une éducation soignée développa ses talens, et une bravoure peu commune vint bientôt lui en faire obtenir le prix. En 1805 et 1806, il franchit rapidement tous les grades jusqu'à celui d'adjudant-commandant, qu'il obtint à la suite d'une belle action.

En Espagne, il ne cessa de se distinguer; et au combat de Medina del Rio Secco, il se montra si bien, que le maréchal Bessières le fit général de brigade sur le champ de bataille : cet avancement fut confirmé par Napoléon, qui y joignit la décoration d'officier de la Légion-d'Honneur.

Appelé à faire partie de l'expédition de

Russie, il fut l'un des braves qui s'illustrèrent à la Moskwa.

Vainqueur à Lutzen et à Bautzen, il fut fait général de division, et combattit avec succès les Suédois à Dessau.

En 1815, après le désastre de Waterloo, il fut chef de l'état-major général de l'armée qui se réunit sous Paris. A ce titre, il signa la capitulation du 3 juillet, et se retira derrière la Loire.

Il fut chargé par le Roi de la démolition des frontières, après le traité de paix avec les alliés.

(Z.)

Guyot (*E.*), général de brigade, né à Mantoches (Haute-Saône) en 1766.

Avocat avant la révolution, lorsque l'Europe déclara la guerre à nos principes réformateurs, il échangea sa toque contre un casque, sa plume contre une épée. Il prouva bientôt qu'il savait s'en servir, et les honneurs récompensèrent son industrieux courage. Il avait commencé à être simple volontaire, et bientôt on le compta au nombre des adjudans-généraux.

Colonel en 1804, il mérita en 1805 d'être élevé au grade de général de brigade. Son régiment se trouvait faire partie d'une brigade qui était cernée par les Russes à Weschau en Moravie : tous les chefs étaient d'avis de se rendre, Guyot seul fut d'un avis contraire. Il ordonne à ses hussards de mettre pied à terre et de défendre tous les postes. Pendant ce temps, une division française vole au secours de la brigade cernée : Guyot réunit alors ses braves hussards, et fond sur les Russes qui fuient de tous côtés.

A Jena, à Guttstadt, à Eylau, nouveaux combats, nouveaux lauriers.

Le 8 juin 1807, sur les hauteurs de Kleineufeld, il reçut une mort glorieuse en chargeant un corps de cosaques. (P. P.)

H.

HABERT (le baron), lieutenant-général.

Ses talens et son courage furent les artisans de sa fortune, et toujours son avancement fut la récompense d'une belle manœuvre ou d'une bonne action. Ce fut surtout en Espagne qu'il eut l'occasion de se distinguer : colonel depuis la campagne de 1807, il entra dans cette contrée en 1808 avec le grade de général de brigade. Entre cent combats qui rendirent son nom fameux, nous citerons l'attaque de Lerin, le passage de la Sègre, la prise de Mozella et des faubourgs de Valence, le siége de Lérida, le combat de Tortose et la prise du fort Balaguer. Général de division pour sa brillante conduite dans ces différens combats, il ajouta un nouveau lustre à ses trophées à la bataille de Sagonte et au siége de Valênce (1812). Il battit un corps de cavalerie, commandé par le duc del Parque, à Carcaxente, contribua à forcer les Anglais de lever le siége de Tarragone, et se distingua aux combats de Villa-Franca livrés à l'armée de lord Bentinck.

Rentré en France en 1814, de nouveaux honneurs récompensèrent ses travaux passés et la fidélité dont il devait bientôt donner un noble et touchant exemple.

HANGESH (D'), général d'artillerie.

Distingué par son rang et ses services avant la révolution, il servit en 1792 sous M. de La Fayette, et commanda par intérim l'armée de ce général, jusqu'à l'arrivée de Dumouriez. Il dirigea, sous celui-ci, l'artillerie au siége de Maëstrich et rendit d'éminens services. Obligé de quitter l'armée parce qu'il était noble, on ne le vit reparaître qu'après le 18 brumaire. Il devint alors inspecteur aux revues.

HARDY (*J.*), né à Mousson (Ardennes) en 1763, mort à Saint-Domingue le 6 juin 1802.

En 1784, il s'enrôla volontairement, et obtint de l'avancement dans la guerre qui éclata au commencement de la révolution.

En 1792, chef du 7e. bataillon de Paris, il alla rejoindre l'armée des Ardennes. Il s'y distingua aux combats livrés à Givet et sous les murs de Philippeville.

Général de brigade en 1794, il servit à l'armée de Sambre-et-Meuse, dans la division de Moreau en 1796.

Il fut grièvement blessé à l'affaire de Mont-Tonnerre.

On lui confia le commandement de la 4e. division militaire. C'est à cette époque qu'il dressa une excellente Carte du Hunsdruck; travail qui fait honneur à ses connaissances topographiques.

En 1798, le général Hardy fut choisi pour commander une division de l'expédition d'Irlande. Il fut pris sur le vaisseau *le Hoche* et conduit en Angleterre.

Rentré en France l'année suivante, il fut envoyé à l'armée du Rhin avec le grade de général de division : à l'affaire d'Empsilgg, où il commandait une colonne, il fut dangereusement blessé.

Il remplit quelque temps après les fonctions d'inspecteur en chef aux revues.

Dans l'expédition de Saint-Domingue, il obtint un commandement : ses talens contribuèrent aux succès du général Leclerc.

Atteint par la maladie contagieuse qui désolait l'armée, la mort vint le frapper au sein de la victoire : il n'était âgé que de trente-neuf ans.

(P. P.)

Harispe (le comte), lieutenant-général.

Né dans les montagnes qui hérissent le pays des Basques, il semblait fait pour s'illustrer à la vue de sa patrie.

Pendant les premières guerres de la révolution, il s'éleva des rangs du soldat au grade de colonel. Devenu général pour sa bravoure à Jena, il fut, en 1808, envoyé en Espagne. Habitué dès son enfance à gravir les monts et à en connaître les détours et les issues, il fut bientôt au fait du genre de guerre qu'il fallait soutenir dans les gorges des *Sierra*. Le talent qu'il fallait pour cette espèce de guerre, n'empêcha pas que dans les grandes actions il ne montrât aussi un mérite supérieur : Lérida, Tortose, Terragone, Sagonte, Valence l'attesteront à la postérité.

Quand le territoire français fut envahi, le général Harispe arma ses compatriotes, et à la tête de leurs bataillons, il se couvrit d'une gloire nouvelle par ses combats à Saint-Jean-Pied-de-Port et à Baigorry : ce fut surtout à la mémorable bataille de Toulouse qu'il mérita la reconnaissance de ses concitoyens : il y fut grièvement blessé.

HARVILLE (le comte d'), lieutenant-général.

Ses talens encore plus que son nom et sa fortune l'avaient fait maréchal-de-camp avant la révolution : lorsqu'elle éclata, il vit en elle les moyens de régénérer la France, et lui consacra sa fortune et ses talens.

Lieutenant-général sous Dumouriez, il seconda puissamment ce général à Jemmapes et dans l'invasion de la Belgique. Incarcéré à la suite de nos revers dans cette province, ses ennemis furent obligés de rendre justice à sa conduite : il fut remis en liberté.

Il rentra au service en 1796, et devint inspecteur général de la cavalerie des armées de Mayence et d'Helvétie.

En 1800, il commanda la cavalerie de l'armée de réserve de Dijon.

Sénateur en 1801, il fut écuyer d'honneur de l'impératrice Joséphine.

Pair en 1814, il mourut sur la fin de 1815.

HATRY (*J. M.*), général de division, né à Strasbourg.

A dix-sept ans, il entra au service : ce fut dans le régiment de Larnarck.

Ses talens lui procurèrent tout l'avancement

que permettait sa roture : il était capitaine en 1789; mais lorsque, pour faire un colonel, on chercha le mérite et non l'antiquité des aïeux ou la fortune, Hatry vit s'ouvrir devant lui une brillante carrière. Colonel, maréchal-de-camp et général de division, de 1790 à 1793, on le vit partager les lauriers de Jourdan à Fleurus, battre les Autrichiens à Sombreff, et s'emparer de Namur, Liége et Luxembourg.

Appelé en 1797 au commandement de la 17e. division militaire (Paris), il développa dans cette administration militaire autant de fermeté et de prudence qu'il avait montré de talent et de courage sur le champ de bataille.

Général en chef de l'armée de Mayence en 1798, il passa en Hollande sur la fin de la même année; et là, comme dans tous les postes qu'il occupa, il se fit chérir et respecter.

En 1800, il reçut le prix de ses services : la France le vit avec joie siéger au nombre des sénateurs.

En 1802, la mort l'enleva à la patrie dont il défendit toujours les droits dans l'exercice de ses importantes fonctions, et à ses amis dont il fut souvent le bienfaiteur et le père.

Hautpoult (*J. A.* D'), général de division, né à Scalette (Tarn) en 1754, mort en 1807.

Une naissance distinguée, une éducation soignée le firent paraître avec éclat dans la carrière des armes : ce fut dans la cavalerie qu'il servit, et il acquit dans cette arme une connaissance qui le rendit le général le plus expérimenté pour former un corps et le mener au combat.

Capitaine à l'époque de la révolution, il fut colonel en 1793.—Général de brigade en 1794. — Général de division en 1797. — Inspecteur général de cavalerie en 1802. — Sénateur en 1806.

Il est peu de généraux qui aient livré autant de combats importans à la tête de la cavalerie : aussi sa mort fut-elle digne d'une carrière aussi illustre. Maubeuge, Fleurus, Nimègue, Altenkirchen, Etlingen, Neuwied, Austerlitz, Hoff furent pour lui de belles journées; la plus glorieuse fut celle d'Eylau : lorsqu'une charge générale de cavalerie parut nécessaire pour fixer la victoire, d'Haupoult se montra digne de ses premiers exploits; il moissonna de nombreux lauriers, mais il resta comme enseveli sous sa gloire : une blessure mortelle l'enleva à sa patrie et à ses frères d'armes.

Haxo, général, né à Saint-Diez (Meurthe), mort en 1794.

A la tête d'un bataillon des volontaires des

Vosges, ce fut à l'armée du Rhin qu'il conquit ses premiers titres à la gloire. Général pour ses beaux faits d'armes pendant la défense de Mayence, il alla dans l'Ouest combattre des Français égarés : s'il vainquit souvent, il adoucit par son humanité le sort des vaincus, et il n'usa jamais des droits que la force et les représentans du peuple donnaient à ses armes : ce fut souvent au péril de sa vie. Quelquefois vaincu, il supporta avec fermeté ce malheur; mais il ne put supporter l'idée d'être fait prisonnier. En 1794, battu à la Roche-sur-Yon par Charrette, il se vit blessé, abandonné de tous les siens et entouré de Vendéens : il combattit jusqu'à ce qu'une dernière blessure l'eut jeté parmi les morts.

Haxo (*J. B.*, baron), lieutenant-général.

Neveu du précédent et héritier de son courage, il se destina à l'arme du génie, et dut à ses talens une brillante entrée dans la carrière militaire.

En Espagne, en 1809, il fut blessé au siége de Sarragosse, et mérita d'être colonel du génie. Appelé à faire partie de l'armée d'Allemagne, il fit la campagne d'Autriche, et fut décoré de l'étoile d'officier de la Légion-d'Honneur à la suite de la bataille de Wagram.

Rentré en Espagne, on dut, en 1810, la prise

de Lérida à ses talens et celle de Méquinenza à son courage.

Général en 1811, il fit l'expédition de Russie et se distingua à Mobilow.

Général de division en décembre 1812, il fortifia Hambourg, se trouva à la bataille de Dresde, et fut fait prisonnier sur le champ de bataille de Culm, avec Vandamme auquel il allait porter des ordres.

Chevalier de Saint-Louis en 1814, il fut employé dans l'armée sous Paris destinée à repousser Napoléon, et néanmoins suivit ce dernier à Waterloo, où il donna de nouvelles preuves de talent et de courage.

Hédouville (*G. M. J. J.*, comte), lieutenant-général, né à Laon en 1755.

Sous-lieutenant à dix-huit ans dans le 16e. régiment de dragons, il était adjudant-général en 1792 : l'année suivante, il fut général de brigade; en 1796, divisionnaire; en 1797, général en chef de l'armée de l'Ouest.—Sénateur en 1805.—Pair en 1814.

Le comte Hédouville occupe une place honorable dans les fastes de la gloire; mais ce n'est pas là son plus beau triomphe : les cœurs français n'oublieront jamais que c'est le général qui s'attacha le plus à éteindre la guerre civile, en usant de douceur et d'humanité envers ceux qui l'allumaient. Aussi bon diplomate que pacificateur heureux et guerrier prudent, il fut chargé de plusieurs missions importantes, et les remplit de manière à mériter tous les éloges, indépendamment du succès. (P. P.)

Heudelet de Bierre (le comte), lieutenant-général.

Général par ses talens et son épée, son trophée le plus remarquable est le combat de Marienzell, livré et gagné en 1805 contre le général autrichien Meerfeldt : 3 drapeaux, 16 pièces de canon, 400 prisonniers furent le prix des talens du comte Heudelet, qui commandait en chef à cette importante affaire.

A Austerlitz, il mérita d'être fait général de division. A Eylau, il fut grièvement blessé. Dans la campagne de Russie, après avoir rendu de grands services pendant la retraite, il se jeta dans Dantzick avec sa division.

Le Roi lui confia, en 1815, la 18e. division militaire.

Hoche (*Lazare*), général en chef, né le 24 juin 1768, mort le 3e. jour complémentaire de l'an 5.

C'est à l'occasion de Hoche qu'il faut dire : la révolution a créé des hommes. Sans elle il eût langui et se fût éteint dans le rang subalterne de bas-officier; par elle, il est devenu un des grands capitaines de l'Europe, et l'Europe répète son nom à jamais glorieux.

Né de parens pauvres, il s'était engagé, à seize ans, dans les gardes-françaises; dans ces gardes-françaises qui, malgré leurs officiers, concoururent si vaillamment à la prise de la Bastille, et prirent, pour ainsi dire, l'initiative armée de la liberté contre le régime arbitraire. La Fayette le fit sergent, et bientôt après sergent-major des grenadiers, dans ce même corps, devenu garde nationale soldée. Au 6 octobre, il se porta, l'un des premiers, au château de Versailles, pour y défendre la famille royale, attaquée par la fameuse et coupable insurrection de cette époque. Je tiens du général La Fayette qu'il ne quitta cette famille auguste, et déjà si infortunée, que quand le danger fut passé, et qu'il eut le bonheur de sauver plusieurs gardes-du-corps.

Frappé de la bonne mine de Hoche, le ministre de la guerre Servan le nomma lieutenant dans le régiment de Rouergue. Il était digne de cette distinction par un mérite beaucoup plus estimable, je veux dire une conduite singulièrement morale et studieuse. Dès-lors il préludait à ses hautes destinées. En 1792, il en commença l'honorable carrière, dont chaque pas fut une victoire, dont le terme fut un triomphe.

Adjudant-général à la bataille d'Hondscoote, sa valeur et ses talens y brillèrent d'un éclat si vif, qu'il fut nommé général en chef de l'armée de la Moselle : il n'avait alors que vingt-quatre ans.

Nous ne pouvons nous refuser au plaisir de retracer ici, avec quelques détails, sa première et l'une des plus belles opérations du nouveau général. L'ennemi occupait alors le fort Vauban, les postes de Germesheim et Spire, les lignes de la Lautern et de Weissembourg; Landau était bloqué, le Bas-Rhin envahi, et toute la contrée située aux débouchés des Ardennes presque sans défense : tout présageait une irruption nouvelle; tout semblait reporter la France aux mêmes périls qui, quinze mois auparavant, avaient signalé l'époque où la république fut proclamée.

Hoche, en arrivant à l'armée qu'il doit commander, en trouve les forces disséminées, partie derrière la Sarre, partie derrière la Moselle. L'irrésolution des chefs avait consumé la saison des combats; on était parvenu à celle qui passait autrefois dans les camps pour la saison du repos. Hoche voit qu'il n'y a pas un moment à perdre; il conçoit un plan et l'exécute. Il rassemble ses troupes, ranime leur courage et les mène aux champs de la gloire. Une division marche sur

Kayserlautern; une autre, débouchant par Sarguemines, chasse les Autrichiens du poste important de Bissing et leur fait passer la Blisse en même temps qu'une colonne partie de Sarre-Libre entame l'ennemi et le force de se retirer de position en position jusqu'à celle de Kayserlautern. Après plusieurs combats très-vifs, Hoche vient affronter les Autrichiens sur le plateau même où ils s'étaient si bien retranchés : là, il se décide sur-le-champ à livrer bataille. Un premier coup de canon ayant donné le signal, l'attaque se fait avec audace ; la résistance est opiniâtre ; quarante mille hommes luttent contre quarante mille, auxquels l'avantage de la position donne la supériorité d'un nombre triple. Cent bouches d'airain tonnent et vomissent la mort de part et d'autre. On se bat pendant deux jours avec rage (les 9 et 10 frimaire) ; l'artillerie légère des Français fait des prodiges, mais elle est maltraitée par le feu de l'ennemi, et presque toutes les batteries sont entièrement détruites. Cependant la division de gauche, qui devait se rendre au lieu du combat, se trompe de route : elle se trouve dans le même chemin que la division voisine, ce qui fait naître le désordre et manquer le but principal de cette colonne, qui devait tourner la position de Kayserlautern.

Hoche s'en aperçoit; aussitôt son plan change; des ordres circulent. Six bataillons d'infanterie attaquent une redoute qui incommodait sa droite : ils partent et soutiennent en route tout le feu de l'ennemi, qui emporte des rangs entiers; la nuit survient; les munitions étaient épuisées; Hoche se voit contraint d'ordonner la retraite.

Après l'échec de Kayserlautern, le général Hoche se détermine tout-à-coup à franchir les Vosges; il vient occuper les points importans de Pirmasens, d'Horneback, Bliecastel et Saint-Imbert, qu'il fait retrancher le plus promptement possible. Bientôt l'attaque est ordonnée; les Autrichiens sont forcés de plier. Un jour suffit pour les mettre en pleine déroute et les chasser au-delà de Wert. Hoche conduit ensuite l'armée dans les plaines de Weissembourg, livre un combat général aux forces réunies de l'ennemi, le culbute, lui enlève ses redoutes à la baïonnette, s'empare de son artillerie, et bientôt le contraint d'abandonner sa position d'Haguenau. Ce coup d'audace facilite à l'armée du Rhin le passage de la forêt, et sa jonction s'opère avec l'armée de la Moselle, après quatorze jours de marche à travers les neiges et malgré les rigueurs de la saison, la brièveté des jours, et l'absolu dénûment des troupes. Hoche est alors nommé au commandement des deux armées de la Moselle et du Rhin.

L'ennemi, qui se croyait maître des Deux-Ponts, est tout étonné de se voir attaqué à Kibelberg, par une division de l'armée française, et dans les gorges d'Ausweiler par une autre division. Le général Hoche a franchi les montagnes et s'élance sur les lignes de Weissembourg : elles sont défendues par toutes les forces des Autrichiens et par les émigrés du corps de Condé; il les attaque brusquement et les enlève; l'ennemi se retire en abandonnant ses magasins, ses hôpitaux; le Palatinat est ouvert à l'armée française et Landau est délivré. Jamais vainqueur n'a plus activement recueilli les fruits d'un triomphe; déjà les postes de Germesheim et de Spire sont enlevés; déjà notre avant-garde entame, morcelle l'arrière-garde ennemie. Worms ouvre ses portes, et, quelques jours après, nos intrépides défenseurs sont maîtres du fort Vauban.

A la suite de cette glorieuse campagne, et pour prix des rares talens qu'il y avait déployés, Hoche, atteint par les tyrans qui déshonoraient le nom français, est jeté dans les cachots de la Conciergerie, où, sous un prétexte atroce à la fois et ridicule, il languit plusieurs mois. Le supplice de Robespierre suspendit le sien, déjà préparé; il ne quitta les prisons que pour retourner aux combats; et ce fut par de nouveaux et éclatans services qu'il répondit aux soupçons, aux injures, à l'ingratitude des républicains.

Après la victoire de Quiberon, remportée, hélas! sur des frères égarés, et qui coûta des larmes à Hoche, ce général fut chargé de pacifier la Vendée. Depuis cinq ans ce malheureux pays, désolé par la guerre civile, voyait succéder les crimes aux crimes, les désastres aux désastres: c'était un chancre que la politique anglaise nourrissait du plus pur sang des Français. Hoche entreprit de le fermer. Par un mélange heureux de douceur et de fermeté, d'avantages obtenus et de concessions accordées, il gagna les cœurs, réunit les esprits, désarma les prétentions, amortit les opinions tranchantes, et rallia au salut commun tous les intérêts mutuellement opposés. De ce moment, les passions aigries s'adoucirent, les liens de famille se resserrèrent, les droits du voisinage; du patronage, de l'hospitalité reprirent leur bienfaisante influence; et la terre elle-même, depuis si long-temps humectée de sang français, redevint la véritable terre de la patrie, en se couvrant de fleurs, de bocages et de moissons. Ce ne furent plus des soldats enivrés de carnage qui proclamèrent Hoche un héros; il obtint des propriétaires garantis, des paisibles bergers, des laboureurs reconnaissans le titre plus glorieux sans doute de *pacificateur.*

Mais cette ardeur guerrière, cette soif de gloire que le patriotisme avait immolées à la sagesse, Hoche les retrouva plus brûlantes et plus vives, lorsqu'on lui proposa d'aller les assouvir chez nos illustres et éternels rivaux. Antérieurement, son imagination avait dessiné en traits gigantesques l'envahissement de la Grande-Bretagne : il fallut réduire à l'exécution ces rêveries héroïques. Il part et se dirige vers l'Irlande; mais, séparé par un coup de vent de la flotte qu'il commande, et tombé dans un convoi anglais, d'où il n'échappe que par une ruse de Bruix (cet amiral fit route avec l'escadre anglaise, et comme s'il en eût fait partie); il touche à peine le rivage qu'il doit conquérir, et n'y trouvant aucune trace de son escadre, il rentre en France avec des regrets que partagèrent alors et qu'ont partagé depuis, je ne dirai pas les seuls patriotes français, mais tous les amis du commerce libre et de l'humanité.

La campagne de l'an 5 dédommagea Hoche de ce contre-temps. Général en chef de l'armée de Sambre-et-Meuse, ses premiers soins ramènent parmi elle l'ordre et la discipline, précurseurs et gages de la victoire. Bientôt un corps nombreux part de Dusseldorff, franchit le passage de la Sieg et s'élance sur la Lahn, tandis que Hoche conduit ses nouveaux guerriers au pont de Neuwied. Là, l'Autrichien laisse sur le champ de bataille environ mille morts, neuf mille prisonniers, vingt-sept pièces de canon, sept drapeaux, cinq cents chevaux; et déjà la division du général Lefebvre était aux portes de Francfort, quand les préliminaires de la paix conclue en Italie vinrent arrêter ce nouveau triomphe.

Ce fut le dernier du général Hoche : la division venait d'éclater entre les conseils législatifs et le Directoire. Cette autorité, sage et républicaine dans la première moitié de sa carrière, se préparait, par la faiblesse et les proscriptions, à en déshonorer la fin. Hoche, abusé, est choisi pour marcher contre les conseils et pour décimer sa représentation : c'était l'anéantir. Une dénonciation que, dans son erreur, il maudit peut-être, le préserve de ce malheur; mais il avait encouru la disgrace du gouvernement; et comme il est permis à la franchise d'un guerrier de ne pas soupçonner le machiavélisme des politiques, il craignit qu'on ne le jugeât coupable, tandis qu'il n'était qu'infortuné, et tomba dans une maladie de langueur dont il ne put se relever. Sa vie avait été glorieuse et sans reproches; sa mort fut douce et sans effroi. *Les hussards l'ont pleuré*, répéta-t-on avec attendrissement à cette époque; et, pour comble d'honneurs, l'armée autrichienne, désarmée par la douleur et l'admiration, pleura aussi le vainqueur de Neuwied. Il fut enterré sous le fort de Pétersberg, au lieu même où avait été déposé le corps du général Marceau; et du fonds de leurs cercueils, que la reconnaissance ombragea de lauriers, ces héros semblent encore menacer l'ennemi. (R. DE W.)

HOUCHARD (*J. N.*), né à Forbach (Moselle) en 1740, mort à Paris en 1793.

Pourquoi faut-il qu'en retraçant les hauts faits qui placèrent la nouvelle république à côté de l'ancienne Rome, nous soyons obligés de rapporter des crimes qui la mettent au-dessous d'Athènes quand elle fut ingrate? Mais la douleur que me cause le souvenir d'un grand crime m'égare : non, la France n'est pas au-dessous de l'ingrate Athènes; là, un peuple entier vota la mort de Thémistocle, tandis que dans ma patrie quelques scélérats seulement doivent porter tout l'odieux des attentats dont nous gémissons. S'ils t'envoyèrent à l'échafaud, brave Houchard, la France entière déplora ta perte et les maudit!

Houchard rendit de longs services sous la monarchie, et cueillit de glorieuses palmes sous la république.

Soldat en 1755, il devint, à force de talens et de courage, lieutenant-colonel.

Colonel en 1792, il était général en chef au commencement de 1793.

Houchard, à la tête d'un régiment, fit d'abord la guerre de partisan avec le plus grand succès. Appelé à guider une division, on n'oubliera jamais sa brillante conduite à Francfort, où, avec 2000 hommes, il en arrêta 12,000 pendant une journée entière.

Général en chef, il augmenta nos trophées en y joignant ceux de Turcoing et surtout de Hondscoote.

Quelques hommes ne pouvant reprocher à Houchard de s'être laissé battre, lui reprochèrent de n'avoir *pas assez vaincu*. En vain il rappela que quarante fois il avait repoussé l'ennemi, que, dans sa dernière victoire, il avait tué trois généraux de sa propre main, pris 82 canons et délivré Dunkerque; on fut sourd à cette voix qui n'appela jamais en vain la victoire; on envoya à l'échafaud ce général que décoraient cinquante-cinq honorables cicatrices.

(P. P.)

HUARD, général de brigade.

Après une longue et honorable carrière, il était parvenu au rang de général de brigade, et il partit en cette qualité pour la Russie en 1812 : le combat d'Ostrowno rappela à l'armée ses anciens exploits. Il se préparait à de nouveaux lauriers, lorsque la mort vint le frapper sur le champ de bataille de la Moskwa.

HUGO (*J. L. S.*), maréchal-de-camp.

Il est général, et comme il ne dut ce titre à aucune faveur, son grade dut être le prix de son courage et la preuve de ses talens.

En Espagne, où il se distingua de 1809 à 1812, il fut choisi par le roi Joseph pour être son aide-de-camp.

Commandant de Thionville en 1814, il défendit avec fermeté cette place bombardée par les alliés. En 1815, envoyé au même poste par Napoléon, il résista tant qu'il fut sommé de mettre bas les armes par les Prussiens; mais lorsqu'il reçut les ordres du Roi, il sut ranger à l'obéissance une garnison déterminée à s'ensevelir sous les ruines de la place.

En 1816, il passa aux États-Unis.

HULLIN (le comte), lieutenant-général.

Son premier exploit date de la prise de la Bastille, dont il fut l'un des vainqueurs. Le premier il franchit le pont-levis et pénétra dans l'intérieur. Ce fut lui qui s'empara de la personne du gouverneur, M. Delaunay : sa bravoure, en cette occasion, l'honore moins peut-être que les efforts qu'il fit pour sauver la vie à son malheureux prisonnier, devenu, malgré son zèle, victime de la fureur populaire.

Capitaine d'une compagnie de chasseurs des Barrières, Hullin fut bientôt après chef d'un bataillon, et commanda la garde nationale parisienne qui se transporta à Versailles le 4 octobre.

Il prit une part active au 10 août, et fut cependant incarcéré pendant le régime de la terreur. Il obtint sa liberté et vola dans les camps acquérir une gloire qu'on ne trouvait plus au milieu des factions. Il servit en Italie comme adjudant-général, commanda à Milan en 1798 et en 1800.

Devenu général de division, il commanda les grenadiers de la garde consulaire.

L'impartiale histoire lui reprochera d'avoir présidé la commission qui condamna le duc d'Enghien.

La campagne de 1805 lui fut glorieuse : il commanda à Vienne. En 1806, Berlin obéit aussi à ses ordres.

Commandant de la 1re. division militaire (Paris) en 1808, il le fut jusqu'en 1814.

Lors de la conspiration de Mallet, il fut blessé par un des conjurés.

En 1815, il reprit le commandement de Paris; mais porté sur l'ordonnance royale du 24 juillet, il sortit de France et se fixa en Moravie. (P. P.)

HUMBERT (*J. R. M.*), général, né à Rouvroi en 1755.

Simple dragon à seize ans, il obtint son congé en 1778. Ayant repris du service, il devint, à l'époque de la révolution, capitaine aide-major au 2e. bataillon de la 6e. division de la garde soldée. Pendant la campagne de 1792, il devint général de brigade, et bientôt il alla dans le Morbihan seconder les mesures pacifiques de Hoche. Commandant une brigade de l'expédition d'Irlande, il aborda aux plaines de de Kilala, et osa entreprendre avec 1500 hommes de soumettre l'île. Des succès justifièrent son audace à Kilala, à Balayna, à Castelbar; mais tandis qu'il s'affaiblit par ces succès mêmes, les Anglais se renforcent par leurs pertes. Bientôt lord Cornwallis a 20,000 hommes sous les armes : Humbert tente encore le sort des combats. Vainqueurs par leur courage, les Français doivent céder au nombre : ils capitulent; et quand les Anglais croient avoir pris une nombreuse armée, quel est leur étonnement quand ils voient que tant de lauriers ont été moissonnés par 844 Français!

Humbert échangé, vint jouir de sa gloire dans sa patrie. Employé par Masséna, il est blessé devant Zurich. Envoyé à St.-Domingue, il y obtint des succès. Rentré en France en 1803, Napoléon commit la faute d'oublier Humbert; mais en 1814, Humbert, fatigué de son inaction et pressé de respirer l'air de la liberté, passa, dit-on, à Buénos-Ayres, où l'on assure qu'il commande un corps dans l'armée des Indépendans. (P. P.)

FIN DU PREMIER VOLUME.

www.ingramcontent.com/pod-product-compliance
Ingram Content Group UK Ltd.
Pitfield, Milton Keynes, MK11 3LW, UK
UKHW020309230726
13925UKWH00001B/311

9 782013 656573